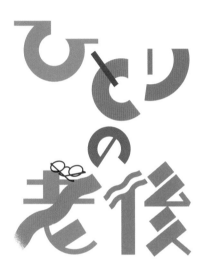

ひとりの老後

新型コロナワクチン接種後に
ひとりの老後を生きる

は じ め に

　日本で暮らすひとりの老後は、とても気ままに生活できるので、理想的です。日本には、年金も医療も福祉も、高齢者には手厚い社会保障があり、とても安心です。しかし、困ることもあります。たとえば、重い病気になったとき、誰かの助けがないと困ります。信頼できる人が近くにいて助けてくれればいいのですが、そのような人が近くにいないと、困ります。

　とくにこの数年、新型コロナウイルス感染症の流行が続いていますので、この点に配慮が必要です。高齢者や基礎疾患のある人が新型コロナウイルスに感染すると、重症化しやすく死亡するリスクが高いです。報道によると、ある国会議員は新型コロナウイルスに感染している疑いがあり、その治療のために病院に向かっている車内で急に逝去したそうです。とても怖いですね。

　とても怖い病気が、新型コロナウイルス感染症ですが、大きな明るい希望もあります。ワクチンの接種も始まりましたので、これからは、マスクがなくても生活できる日が数年のうちに来るでしょう。一人暮らしだと、希望を持つと同時に、慎重に行動するという精神的バランスを自分でとらないといけないので、大変ですが、もう数年の辛抱と思って、焦らず、がんばりましょう。

　しかし、たとえワクチンを接種し、どんなに予防しても、やはり新型コロナウイルスや、インフルエンザなど、感染症に感

染してしまうことを100％予防することは困難ですから、適切な準備を、ワクチン接種後に開始しましょう。新型コロナウイルスは、これからも変異を続けます。もしかすると、ワクチンの予防効果がない変異種が出現するかもしれないので、ワクチン接種後が、終活を始めるベストなタイミングです。

　もし、ワクチン接種後でも、変異した新型コロナウイルスの感染が判明し重症化すると、入院しなくてはなりません。入院後に遺言を作ることやお墓の準備をすることは、入院後、病院の面会規制がかかるので、とても難しいです。感染判明後、数日以内に重症化し、そのまま逝去することもあります。だから、自分の終活を考えることは、「重い病気になってから」ではなく、「病気になる前に」準備しなければならない時代です。

　さらに、一人暮らしの高齢者の終活は、逝去後のことだけでなく、これからの生活のことも考えなくてはなりません。たとえば、認知症、特殊詐欺、自然災害、交通事故など、さまざまなアクシデントを意識して生活しなければなりません。

　特に一人暮らしの高齢者の方は、特殊詐欺の被害にあわないように、日常生活で常に意識する必要があります。最近は、毎日のように中国新聞に特殊詐欺の被害記事が掲載されます。老後のために真面目に働いてきた人の財産をだまし取る犯人を許せないのはもちろんのことですが、このような犯人が世の中にたくさんいる現実と向き合って、自分で自分を守る方法を考えないといけません。2021年4月3日の中国新聞朝刊には、2021年の特殊詐欺被害額が2020年よりも増加傾向にあることが報じられていますが、これはコロナ対策のために人々の交

流が制限され、一人暮らしの高齢者の変化を周囲の人たちが認識できなくなっていることが大きな要因と思われます。

　私は、これまで約20年、広島で数百名の高齢者の人生をサポートし、後見人業務を担ってきました。たくさんの高齢者の方の認知症が進行する状況を確認し、葬儀、お墓、財産のことを体験して、とてもよくわかったことがあります。それは、「アクシデントに備えて準備した人と、準備しなかった人では、老後の人生が大きく異なる」ということです。もちろん、きちんと準備している人のほうが、とてもいい結果になります。そこで、私は以下のことをみなさまに呼びかけています。

〈ひとりの老後を送るうえで心がけたい2つのこと〉
1. 準備は早すぎるくらい早くして、遠方の親族や友人たちに、心配をかけない
2. 逝去後も社会に貢献する

　ひとりの老後を生きる準備は、65歳から始めていただくことをおすすめします。もちろん、もっと早くから準備することは、とてもすばらしいことです。ひとりの老後を生きる人は、病気、特殊詐欺、自然災害、交通事故など、大きなアクシデントにあったとき、遠方にいる親族や古くからの友人たちなど、大切な人たちへ、適切なタイミングで連絡すべきです。さらに、その大切な人たちにアクシデントの対応を頼るのではなく、自らが準備した方法で対処することをあらかじめ伝えておけば、とても喜ばれるでしょう。病気で入院したとき、県外の親族が

何度も病院へかけつけることは、新型コロナウイルス感染拡大防止の時代には難しいです。逝去したときに、県外や海外からご遺体をお迎えに来てもらうことも、難しいことが予想されます。遠方にいる親族や古くからの友人たちのためにも、自分のことは自分で対処するための早すぎる準備が必要です。

　ところで、自らの寿命を全うした後の社会を思い浮かべるのはとても難しいことです。ボランティア活動を熱心にしている人でも、自らの使い残した財産（遺産）を誰に相続させるか、どこに寄付するか迷ってしまい、遺言を作ることができないまま逝去してしまう人も多いです。皮肉なことに、そのような場合に限って、本人が相続させたくないと言っていた、本人が一度も会ったことがなく日々の素行が悪い広島県外の甥や姪に遺産が相続されてしまうことがあり、果たして本人は遺産をその甥や姪に相続させたかったのか、疑問に感じるケースがよくあります。ボランティア活動を熱心にしていた人は、自治体、赤十字、卒業した母校など社会貢献のために遺産の何割かを寄付したいと思う人も多いです。遺産から寄付をしたいなら、遺言が必要です。遺言がなければ、法定相続人が遺産を全部相続することになります。社会貢献のために遺産の何割かを寄付することを考える人は、早めに遺言を作成してください。65歳を過ぎたら、早すぎると思われるような準備が、適切な準備です。もちろん体調に不安がある人は、65歳より若くても準備してください。
　ひとりの老後を生きるみなさまには、このようなことを意識

していただき、早すぎる準備をお願いしたく、本書が、そのきっかけになることを願います。

「いい人生だった。楽しいことも、悲しいことも、いっぱいあったけど、みなさま、ありがとうございました」

　この本の著者である私（橋口）は、28歳のとき橋口司法書士事務所という個人事務所を開業したときから、自分の人生の最後のときを、このように考えて終わりたいと、日々願い、多くの高齢者と接する仕事を20年続けています。

著者：橋口　貴志（はしぐち・たかし）

1973年（昭和48年）生まれ、48歳、福岡県出身
プロテニスプレイヤーの錦織圭選手に似ていると、
よく言われます！

1996年（平成8年）
●広島大学法学部 卒業

2001年（平成13年）
●橋口司法書士事務所 開業

2011年（平成23年）
●一般社団法人 人生安心サポートセンター きらり 設立

ひとりの老後 新型コロナワクチン接種後に ひとりの老後を生きる　目次

第 1 章

「ひとりの老後」を
過ごすために
考えること

1 「ひとりの老後」とは

　「ひとりの老後」とは、「一人暮らし」かつ「家族・親族が遠方、または、家族・親族がいない状態」のことです。つまり、一人暮らしをしていたとしても、子供が近所に住んでいて、普段から一緒に食事をしたり、一緒に買物に出かけたりしているのであれば、ひとりの老後と思わなくて結構ですし、ひとりの老後の心配をしなくても大丈夫です。

　また、今は一人ではない人も、**10年後に「ひとりの老後」を過ごす可能性が高い人は、今のうちに準備しましょう。**以下のいずれかに当てはまる人は、65歳になったら、ひとりの老後を過ごすことを考えてください。

1 独身の人

2 子供がいないご夫婦

3 離婚等の理由により子供に頼りたくない人

4 家族・親族が全員高齢で、支えあいが困難な人

5 家族・親族が全員遠方のため、
頻繁に会いに来ることができない人

子供がいないご夫婦の場合、今は配偶者が元気だから大丈夫だとしても、配偶者も自分と同じく年を取ります。**加齢が進めば体力も判断力もご夫婦一緒に低下してしまう**ので、今のうちから「ひとりの老後」のことを考えておくべきです。具体的には、本書第2章－⑪で述べます。

　子供がいない人で、兄弟姉妹がいる場合、兄弟姉妹もあまり年齢が離れていないケースが多く、兄弟姉妹に老後を頼ることは難しい場合が多いです。兄弟姉妹には頼ることが難しい場合でも、兄弟姉妹の子（甥、姪）がいる場合は、ケースによって異なります。甥姪と頻繁に交流している人もいれば、甥姪と数十年も音信不通で一切交流がない人もいます。ただし、甥姪と過去に交流があったとしても、私の体験したケースで、とても気の毒に感じることがありました。本人は、自分の子供のように姪をかわいがってきたのに、姪から、「仕事も忙しく、自分の両親と夫の両親もみないといけないので、叔母様のことまでみることができない」と言われたケースです。言われた本人は、とてもがっかりした様子でしたが、姪の気持ちも理解できますので、とても難しい問題だと感じます。

　さらに、子供がいる人でも、子供に老後を頼りたくないと思っている人も多いです。この場合、**子供が親の老後をみようと思っている場合**と、**子供が親の老後をみることができないと思っている場合**があります。家族ごとに価値観は異なりますし、親子の価値観が異なることも多いので、本人だけで思い込んで行動することは避けて、親子間でしっかり話し合うことを、おすすめします。

2 多様な価値観を尊重

　親子間だけでなく、親族間、家族間についても、現在の日本社会では、個人ごとの価値観が大きく異なることが多いです。住まいの場所が離れている場合、相互の性格の不一致がある場合など、「家族だから、親族だから、〇〇でなければならない」ではなく、家族だからこそ、親族だからこそ、本人の気持ちを尊重して、**家族や親族の価値観を押し付けないように心がけるべきです。**国連が定めたSDGsにも、ジェンダー平等（社会的・文化的につくられる男性、女性などの性別の平等）が定められました。日本が1948年（昭和23年）まで実施していた民法の家督相続による家制度（長男が家督を相続し、家を守る）と、今の民法の個人の価値観を尊重する制度は根本的に異なるのですが、今でも古い価値観を大事に守る人も多いです。だからこそ、自分と同じ価値観、人生観、家族観を持つように相手に求めるのではなく、**相手の価値観、人生観、家族観を尊重する気持ちを、市民一人一人が持つ**必要があります。

3 「ひとりの老後の終活」は、バランスが重要

　10年くらい前から「終活」という言葉を見たり、聞いたりすることが多くなりました。終活とは、あらかじめ、いろいろな準備をすることです。たとえば、認知症になる前にエンディングノートを作成し任意後見人を決めておくこと、入院に備えて緊急連絡先となる人を決めておくこと、遺言を作ること、葬儀の内容を決めておくこと、お墓を決めておくこと、不必要な通帳は解約して整理しておくこと、自宅を売却して高齢者向け住宅に移り住むこと、ボランティア活動に参加することなど、**人によって終活の内容はさまざまで、一言で表現することが難しい言葉**です。人によってやるべきことが異なるので、**終活サポート事業者の専門的、客観的アドバイスを活用する**ことを、おすすめします。

　ところで、多くの人は「終活とは、人生の終わりに向けて準備する活動」と考えることでしょう。もちろん、この解釈でもいいのですが、このように考えると、「え〜、自分が死ぬことを前提とした準備で嫌だな。縁起でもないから、そんなことは考えたくないし、取り組みたいと思わない」と思う人も多いです。だから、もっと前向きに、**「これからの人生を生きる準備をする活動」**のことを「終活」と考えてはいかがでしょうか？こう考えると、「終活」ではなく、**「生きるための活動」**略して**「生き活」**と表現したほうがよさそうですね。なかなか適切な表現が難しいですが、少なくとも、「終活」について、みなさまに心がけてい

ただきたいことがあります。

　それは、**バランスよく取り組んでいただく**ということです。「もう遺言は作ったから大丈夫」など、終活に関するひとつのことだけを済ませて、その他のことは気にしない人がいます。同居の家族がいれば、それで十分かもしれません。しかし、**ひとりの老後を送る場合は、遺言を作っただけでは足りません。**「ひとりの老後の終活」は、バランスよく考えてください。全員が認知症になるわけではありませんが、長生きするほど、認知症になる確率は上がります。認知症と診断されなくても、年相応に、筋肉も脳も衰えます。**長生きするほど、ひとりでは、どうにもならない時が来ます。介護保険のサービスで財産管理、身元保証、逝去後の対応などはできません。**遺言作成だけでなく、必要なサービスをバランスよく受ける準備が必要です。だから、終活サポート事業者と契約し、終活サポート事業者からバランスのとれたサポートを受ける準備が必要です。

4 「ひとりの老後の終活」に関する10のこと

「ひとりの老後の終活」をバランスよく考えるため、10のことを意識してください。その10のことは、以下のとおりです。

1
終活サポート事業者を探して契約し、一緒に準備

今後の生活についてサポートを受けるための信頼できる事業者を見つけて契約し、できることから始めましょう。全部を一度にしようとしないで、自分の気持ちを整理しながら、数か月かけて、少しずつ、信頼できる事業者と一緒に考えながら実施しましょう。

これまで何十年も、ひとりで生きてきた人であるほど、終活サポート事業者の客観的なアドバイスを活用していただくことをおすすめします。

2
資金計画の作成

今後の住まい、ライフスタイル、生涯の資金計画を、おおざっぱに作成しましょう。これからどこで生活するか。できる限り自宅で生活することが希望か。早めにサービス付き高齢者向け住宅に引っ越すか、ある程度、決めておき、そのための資金計画を考えましょう。その資金計画について、終活サポート事業者としっかり相談し、適度な節約、適度な支出を考えましょう。

3

特殊詐欺被害防止のため、任意後見（成年後見制度）を活用

認知症になった場合に備え、特殊詐欺被害防止のために、終活サポート事業者と、公証人役場で任意後見契約および委任契約（見守り契約）をしましょう。契約時点では将来の後見業務を依頼する契約をするだけで、終活サポート事業者へ財産を預ける必要はありません。この契約以降、終活サポート事業者から定期的に生活状況の確認の連絡をもらうこととしましょう。

4

緊急連絡先（身元保証人）、入院期間中のサポートを確保

病気で入院する場合に備え、さらに将来介護施設に入居する場合に備えて、終活サポート事業者と、緊急連絡先（保証人）や入院中のサポートを依頼する契約（委任契約、保証委託契約）をしましょう。

5

終末期の医療処置の希望を文書化

ACP（アドバンス・ケア・プランニング：愛称「人生会議」「私のこころづもり」など：終末期の医療処置の希望文書）を、かかりつけ医と作成しましょう。これも、終活サポート事業者も同席のうえ、かかりつけ医と作成することをおすすめします。

6

尊厳死宣言公正証書の作成

尊厳死を希望する人は、終活サポート事業者に準備を依頼して、公証人役場で尊厳死宣言公正証書を作りましょう。ただし、尊厳死を希望する場合だけなので、尊厳死を希望しない人は作らなくて構いません。

7

エンディングノートを、終活サポート事業者に作ってもらう

自分のエンディングノートを自分で作ることは難しいです。自分の体が動かなくなったとき自分が希望することを終活サポート事業者が引き受けるか否か確かめながら、エンディングノートを終活サポート事業者に作ってもらいましょう。

8

遺言を作成し、遺言執行者を定める

遺産を、誰に受け取ってもらうか、どこに寄付するかなど、遺言にそれを定め、さらに、その遺言を実行するために遺言執行者も遺言で定めましょう。遺言作成や遺言執行を業とするためには許認可が必要なので、終活サポート事業者から、専門の事業者（銀行、弁護士事務所、司法書士事務所など）を紹介してもらいましょう。

9

終活サポート事業者と、死後事務委任契約

銀行、弁護士事務所、司法書士事務所などへ遺言執行業務を依頼しますが、遺言執行業務として実施することは主に財産のことに限られます。一般的に、預金の解約や遺産の受遺者への引き渡しなどは遺言執行業務として依頼できますが、葬儀の喪主や、お墓への納骨、自宅の整理、携帯電話の解約、公的年金の死亡届などは、遺言執行業務として依頼できません。一般的に、葬儀の喪主や、お墓への納骨、自宅の整理などは家族がするからです。ですから、遺言執行者に依頼できない業務について、終活サポート事業者と、葬儀の喪主、納骨のほか、自宅の片づけや携帯電話の解約など、死後事務委任契約を締結して依頼しましょう。

きらりマスコットキャラクターです。
愛称「きらりちゃん」。いつも、星空から、
きらり会員のみなさまを見守っています。

10

社会的役割を担い、少額の寄付を定期的に実施

町内会の交通安全運動、卒業した学校の同窓会の事務、子ども食堂の手伝いなど、ボランティア活動に参加し、社会的な役割を継続的に担うことをおすすめします。さらに、金銭的に余裕があれば、社会貢献事業へ少額の寄付を定期的に実施することもおすすめします。ただし、社会的役割を担い、少額の寄付を定期的に実施することは、したい人だけがすればいいので、したくない人は一切する必要はありません。

もし寄付をする場合は、将来の資金計画をベースとして、適切な範囲に留めておきましょう。

以上のとおり、10もあります。さらに、子供がいないご夫婦からのご相談も多いので、そのことを11番目に、次の章で、順番に解説します。

第 2 章

ひとりの老後の
終活のために

① 終活サポート事業者を 探して契約し、一緒に準備

　まずは、終活についてサポートを受けるための信頼できる事業者を見つけて契約し、その事業者と一緒に終活を始めましょう。遺言、成年後見制度、保証委託契約、医療同意など、ひとりの老後の終活は、一般消費者が、自分で考えてバランスよく準備することは困難です。

　仮に自分でバランスよく考えることが可能であったとしても、**もし、病気で入院したら、誰か（終活サポート事業者）の手を借りないといけない**ので、そのようなことに備えて、あらかじめ終活サポート事業者と契約してから終活します。入院が決まってからでは、時間の余裕がないために、納得のいく終活ができない可能性が高いです。

　なお、終活とは、遺言やお墓など多くの準備の総称ですが、終活全部を一気にしようとしないでください。自分の気持ちを整理しながら、数か月かけて、少しずつ、終活サポート事業者と一緒に考えながら取り組みましょう。さらに、いろいろな終活をしたとしても、数年後には遺言の書き直しなどが必要となるケースが多いので、一度終活が終わっても、毎年変更の必要がないか見直しましょう。ただし、「毎年見直すなら、まだ終活しなくていい」と思うのは間違いです。**明日、新型コロナウイルスに感染して入院するかもしれません**ので、早めの準備が必要です。新型コロナウイルス変異型（進化型）は、今後も継続的に変異（進化）を続け、若い人にも感染し、猛威をふるうことが

予想されます。

　なお、終活サポート事業者としてサービス提供するためには、法的な許認可などを受ける必要がありません。この本の筆者たる私橋口は、「一般社団法人人生安心サポートセンターきらり」という終活サポート事業者の理事長であり、司法書士と行政書士の資格を持っていますが、これは成年後見人を引き受けたり、身元保証人を引き受けるための法律上の要件ではありません。しかし、このような専門知識がない人が、よくわからないままに、終活サポート事業者と似たようなことをしようとしてもトラブルの原因となりますので、**信用と実績のある終活サポート事業者と契約することを、おすすめします。**きらりと類似の新たな終活サポート事業者（NPO法人、個人の司法書士事務所、財団法人など）が過去にも数団体ありましたが、この10年で、倒産したり、事業が休眠状態となり事業が終了してしまったところが多いです。終活サポート事業者は、実績があり、信用力が高いところを選んでください。終活サポート事業者の費用は安いほうがいいと思うのも間違いです。費用が安い事業者は、利益が出ないため、事業の永続性が問題となる可能性が高く、おすすめできません。

　新規創業して10年以上継続する事業者は、1割未満です。

② 資金計画の作成

　今後の生涯の資金計画を、おおざっぱに作成しましょう。これからどこで生活するか。できる限り自宅で生活することが希望か。早めにサービス付き高齢者向け住宅に引っ越すか、ある程度、おおざっぱに決めておき、そのための資金計画を考えましょう。その資金計画について、契約した終活サポート事業者としっかり相談し、適度な節約、適度な支出を考えましょう。

　ひとりの老後を過ごす場合、自分の資産と年金で生活するために、おおざっぱに、自分の生涯を全うするための資金計画を立てておくことをおすすめします。

　ここで気を付けていただきたいこととして、バランスよく資産を活用することを心がけるということです。お金は預金しているだけでは意味がありません。せっかく自分で蓄えた財産なら、**自分のために、社会のために、自分が生きているうちに、適度な範囲で使ってください。**無理な節約をしないで適度な節約、適度な支出を考えてください。戦争を経験した人など、「万が一のことに備えて、節約して、ギリギリの生活を送っている」とおっしゃられ、節約した生活をしている人は多いです。高齢者から「万が一のことに備えて銀行の定期預金は使わないで置いておく。**年金の収入の範囲内で生活する**」という言葉を、よく聞きます。もちろん、それは**一般論として正しい**のですが、**そうでないこともあります。**読者のみなさまは、次ページの仮定ケースをどう考えますか？

【80歳／男性／一人暮らし】

● 生涯未婚で、子供はいない。本人が逝去した場合の法定相続人は、何十年も交流がない甥が2人

● 定期預金3000万円。年金収入180万円（2か月に一度30万円）

● 月8万円の1K賃貸アパートで一人暮らし。年金収入の範囲内で生活

● 過去の職業…公務員（定年退職）

● 大きな持病はない

　仮に、もし、このまま本人が年金収入の範囲内で生活して、このまま10年後に逝去した場合、貯めていた定期預金3000万円が、何十年も交流がない甥2人に相続されます。みなさまは、**バランスがいいと感じるでしょうか？**

　しかも、その甥2人は、もともと遺産を相続すると思っておらず、本人への関心がありません。なおかつ、その甥2人は、もし遺産を受け取ることができるとしても、本人の生前に親族として交流するつもりもなく、**本人の生活はもちろんのこと、本人の葬儀やお墓のことにも関心がなく、しかしながら、遺産だけは受け取ることができるなら受け取りたい**というケースだったとしたら。

　そのようなケースであれば、バランスが悪いですね。だからこそ、自分で稼いだ財産は、有意義に、自分のために、社会のた

めに使ってください。病気になってからでは、旅行に行くこともできないし、思う存分楽しめなくなるので、毎月の年金収入の範囲にこだわらず、毎年120万円（月10万円）は、預金を取り崩して生活することを考えてもいいのではないでしょうか？

　日本人の平均寿命は、男性約82歳、女性88歳くらいです。もちろん、100歳以上の長生きをする人もいますが、70歳で逝去する人もいます。自分の寿命はわからないから、**平均値を基準にプラス5年から10年を長生きするつもりで考えたら、ちょうどいいと思います。**つまり、**男性なら、90歳くらいで寿命を迎えるつもりで、生涯の資金計画を考えることをおすすめします。**この仮定ケースの男性の場合、毎年、年金収入が180万円あります。それに加えて、3000万円をどうやって自分のために使うか考えると、難しいですね。これまで何十年も節約生活をしてきた人であるほど、有意義に自分の資産を自分のために使う方法がわからないことが多いです。皮肉なことに、そのような真面目な人に限って、認知症となり、特殊詐欺の被害にあってしまい、蓄えた財産が自分のために活用されなかったということが起きそうです。また、**ガンなど重い病気になると、どんなに大金を出したとしても、治療できないことも多いです。**万が一のことを考えすぎて、資金的にバランスが悪い生活をしていないか、自問自答してください。**終活サポート事業者と契約すると、緊急連絡先引受、遺言作成、自宅整理、お墓準備など、逝去後の費用も含めて数十万円の費用がかかることも多いです。**お墓を新たに作るなら100万円を超える費用が必要になるでしょう。しかし、これは、ご自分の人生のための費用な

ので優先してご自分の預金を活用してください。**将来のための掛け捨て保険料として考えてください。**

　ところで、自分自身の人生の観点ではなく、**社会の支えあいの観点**で考えると、現在は、新型コロナウイルスのために、飲食業や観光業など大きな経済的損失を抱えてしまい、これまで日本経済を支えてくれていた事業者のみなさまが経済的に回復する見通しが立たないままであることがとても気がかりです。新型コロナウイルス感染症流行の時代だからこそ、貯蓄は美徳であるものの、**少し無理して、百貨店やスーパーで、ちょっとだけ贅沢なお買い物をしてはいかがでしょうか？** 読書が好きで毎月書店で本を1冊購入して読んでいる人は、さらに、もう1冊買って読書するなど、**あえて、意識して、ささやかな贅沢をしていただくこと**をお願いします。

3 特殊詐欺被害防止のため、任意後見（成年後見制度）を活用

　新型コロナウイルス感染防止のために、人と人との交流が制限されています。これまで友人と会食や旅行など、当たり前にできていたことが、できなくなりました。家族が近くにいない高齢者は、ずっと自宅で生活しているために、人との接点が極端に減ってしまい、**一人暮らしの認知症高齢者が特殊詐欺の被害にあわないように生活することはとても難しい時代**になりました。認知症は、とてもやっかいな病気です。

　一番やっかいな点は、**自分で自分自身が認知症であると認識できない**ことです。認知症の症状として、判断力の低下、記憶力の低下、理解力の低下があります。自分で自分が認知症だと認識できないことが一番の問題であり、**認知症であることを認識しないまま一人暮らしをしている高齢者が世の中にたくさんいる**のです。そのうえに、**特殊詐欺の犯罪者グループが世の中にたくさんいる**のですから、特殊詐欺の被害がなくならないのです。

　2021年4月3日の中国新聞朝刊には、2021年の特殊詐欺被害額が2020年よりも増加傾向にあることが報じられています。新型コロナウイルス感染防止のために人々の交流が制限され、一人暮らし高齢者の変化を周囲の人たちが認識できなくなっていることが大きな要因と思われます。さらに、特殊詐欺の被害の動向として、最近は、高齢者に振り込みさせるのではなく、現金やキャッシュカードを自宅まで受け取りに来るケー

スが増えています。最近は、高齢者が銀行の窓口で振り込みする際に、銀行が支払い内容の確認をするので、振り込みによる詐欺が難しくなっています。そこで、特殊詐欺の犯人グループは、**「銀行振込」ではなく「自宅で現金やキャッシュカードを受領」する方法で犯罪を実行するケースが増えている**のです。

　中国新聞の報道によると、2019年、広島市安佐北区で一人暮らしをしている高齢の女性が特殊詐欺の被害にあいました。犯人は被害者へ次のことを電話で話したそうです。

「広島に建設する介護福祉施設に入居できる権利がある」

「入居する意思の有無にかかわらず、入居費用を支払う必要があり、支払わなければ刑務所に入ったり、財産を差し押さえられたりする」

　その電話の後、6回もその被害女性の自宅に来てお金をだまし取り、その被害額は合計3980万円にものぼるそうです。**老化で判断力が低下すると、このようなウソがわからなくなる**のです。もしかすると、ウソに気がついたけど脅迫されており、**誰に相談すればいいかわからず、目の前の犯人が怖くて払った**のかもしれません。**犯人たちは、高齢者の老化による「判断力の低下」と「一人暮らしの状況」を巧妙に利用**しているのです。

　このような、数千万円単位の事件については大きく報道されますが、被害額として100万円〜300万円くらいの事件は、中国新聞の片隅に記事が小さく掲載されます。紙面は毎回「絶て特殊詐欺」というタイトルです。最近は、**毎日のように中国新聞に「絶て特殊詐欺」の特殊詐欺被害事件の記事が掲載**されます。その記事を毎日見ていると「他人事ではなく、明日は自

分がニセの警察官に騙されるかもしれない」と感じると思います。

　警察庁の統計では、特殊詐欺による高齢者の被害額は日本国内で毎年数百億円以上であり、広島県警の発表では、広島県内だけでも毎年２億以上の被害が出ています。老後のために真面目に働いてきた人の財産をだまし取る犯罪者を許せないのはもちろんのことですが、**このような犯罪者が世の中にたくさんいる現実と向き合って、自分を守る方法を自分で考えないといけません。**

　認知症になれば、これら犯罪者のウソを見破ることができなくなるので、それを防ぐために、どのような対策をすべきでしょうか。同居の家族がいれば、それが一番安心ですが、家族がいない人は、**終活サポート事業者と、認知症になる前に、公証人役場で見守り契約と任意後見契約を公正証書で締結して、定期的に異常がないか確認の連絡をもらってください。**任意後見制度は、成年後見制度の一部です。重度の認知症になる前に、終活サポート事業者と任意後見契約をしておけば、重度の認知症となったときに、終活サポート事業者が後見人となり、後見人のサービスを受けることができます。

　この任意後見契約時点では将来の後見業務を依頼する契約をするだけで、終活サポート事業者へ財産を預ける必要はありません。任意後見契約を締結しても、本人が自分で財産管理や各種の契約などを**自分でできる間（自分で財産管理したいと思う間）は、自分で管理する**こととなります。ただし、認知症となる前であったとしても、自分でする財産管理に不安があるなら、

その**事業者と契約して、通帳や印鑑を預けることもできます。**自宅に高額な現金を置かないで、通帳に現金を全部入れておき、その通帳を、信頼できる事業者に預けておけば、銀行でお金を引き出す時に、その通帳を預けている事業者に、「通帳を出して」と頼むことになります。そうすれば、通帳を預かっている事業者が**「何の支払いの目的で通帳からお金を引き出すか」確認してから、通帳を受け取る**ことになるので、特殊詐欺被害防止に効果があります。

　繰り返しますが、任意後見契約は、認知症になる前に、信頼できる事業者と、公証人役場で公正証書で契約しておかないと効果がありません。ですから、認知症に備え、特殊詐欺被害防止のために、終活サポート事業者と公証人役場で任意後見契約および委任契約（見守り契約）をしましょう。

　この任意後見契約の有用性、特殊詐欺被害の防止効果については、あまり日本で議論されることがありません。しかし、私はこれまで数百名の高齢者のみなさまに後見人業務をしてきましたが、まだ、**私が通帳を預かっているお客様が一人も特殊詐欺の被害にあっていない**ことからも、大きな防止効果があると考えていいでしょう。

任意後見制度は、原則として、次の流れになります。

❶任意後見契約を、本人と将来の任意後見人が、公証人役場で締結

❷任意後見契約後、将来の任意後見人が、本人を見守り

❸本人の判断能力が低下したと医師が診断したら、将来の任意後見人が、家庭裁判所へ任意後見業務を開始することを申立て

※任意後見人が業務を開始するためには、本人の同意が必要です。つまり、たとえ医師が認知症と診断しても、本人の同意がないと任意後見業務は開始できないこととなっています。

❹家庭裁判所で、本人の判断能力の低下および本人の同意を確認したら、任意後見人が後見業務開始

❺任意後見人の業務を、家庭裁判所が選任した任意後見監督人 (第三者の弁護士など) がチェック

❻3か月に一度、任意後見監督人へ、任意後見人は業務報告 (本人が逝去するまで継続)

ところで、私は、お客様から、日常のサービスの現場で、以下の
ようなことを問い合わせいただき回答しています。

> 使っているドコモの携帯電話に、未払いの携帯電話利用
> 料金の請求メールが来た。ちゃんと払っているのに、ど
> うしてだろう。このメールに記載してある問い合わせ先
> の電話番号に電話したほうがいいだろうか？

お客様A様

橋口：「このような架空請求メールが多いです。そのまま何も対
　　　処することなく放置していればいいのですが、もし気に
　　　なるようなら、そのメールに書いてある電話番号ではな
　　　く、最寄りのドコモショップに行ってご確認ください。
　　　架空請求詐欺のメールを受け取ると腹が立ちますが、こ
　　　のメールを警察に持っていっても、なかなか事件として
　　　取り扱ってもらえないことが多いようです。それでもよ
　　　ろしければ、警察にもご相談してください」

身に覚えがないのに、『訴訟最終告知』の題名のハガキが来た。どのように対応したらいいだろうか。法務省って書いてあるし、何か大変なことになっているのでしょうか？

お客様B様

橋口：「架空請求詐欺のハガキです。そのまま何も対処することなく放置していればいいのですが、もし気になるようなら、このハガキを警察に持っていって相談してください。ただし、なかなか事件として取り扱ってもらえないことが多いようです。それでもよろしければ、警察にもご相談してください」

お世話になっている入居中の介護施設に、太陽光発電システムをつけるための資金を1000万円寄付しようと思うので、橋口さんへ預けている通帳からお金を出すのを手伝ってほしい。

お客様C様

このC様との会話は、特殊詐欺とは無関係ですが、このお話は、任意後見契約締結後、何年もお付き合いして信頼関係を構築し、C様の通帳をお預かりしたうえで、さらに、資金計画も一緒に考えて、C様の遺言内容も理解している終活サポート事業者だからできる話です。

橋口：「そのお気持ちはとても大切なのですが、今の資産状況で、すぐに1000万円を支払ってしまうと、その介護施設への今後の入居を続けるための毎月の利用料金の支払いができなくなる可能性があります。また、今の介護施設では対応できない重い介護状態となり、転居しないといけなくなる可能性もあります。今すぐに寄付するのではなく、遺言書を作成し、ご自分で使い残した財産から1000万円を遺言で寄付することとしてはいかがでしょうか？作成済みの遺言の変更の準備もすぐにいたします」

緊急連絡先（身元保証人）、入院期間中のサポートを確保

　病気で入院する場合に備え、さらに将来介護施設に入居する場合に備えて、終活サポート事業者と、緊急連絡先（身元保証人）や入院中のサポートを受ける契約（委任契約、保証委託契約）をしましょう。

　病院や施設に入る際に、よく「保証人」「身元保証人」「身元引受人」「連帯保証人」などの名称で、本人とは別の人を立てることを依頼されます。ここでは、これらを総称して**「身元保証人」**と表現します。日本の法律で、医療サービスを受ける場合の保証人の定義、介護サービスを受ける場合の保証人の定義はありません。厚生労働省は「身元保証人」と表現することが多いですが、広島県内では「連帯保証人」と表現する病院が多いようです。つまり、それぞれの病院や介護施設ごとに、保証人の定義を定めて運営しているので、言葉がバラバラなのです。一般的に、病院へ入院する際の保証人や介護施設に入居する際の身元保証人には、**「医療費や介護費の支払い」についての金銭保証**と、本人の意識がなくなった場合や、逝去した場合の**「緊急連絡先」**としての役割を担うという2つの意味が込められている場合が多いです。

　私の20年の現場の感覚だと、身元保証人には、金銭の保証より、**圧倒的に「緊急連絡先」としての役割が求められている**と感じます。つまり、医療の現場でサービスに従事している医師や看護師のみなさまは、この患者さんに何かあったときに、誰

に連絡すればいいかを確認したいのです。そうしないと、患者さんが意識を失ったときに医療的処置に困ることがありますし、急に亡くなられた場合でもご遺体を引き取っていただく必要があるからです。

　読者のみなさまは、「身元保証人」イコール「遺体の引き取り」と考える人は少ないと思います。これは、**家族の役割**だからです。一般的に医療的措置について本人の意思が確認できない場合は家族に確認をするのですが、家族がいない人の場合、困ります。しかし、入院する患者さんのうち家族がいない人もいらっしゃるので、身元保証人という言葉に、このような意味も含めて使っているのです。なお、大きな病院は、身元保証人がいなくても入院を受け入れてくれますし、医療サービスを提供してくれますので、保証人がいないと入院できないということはありません。しかし、大きな病院も、患者さんの意識がなくなる場合や患者さんが逝去する場合に備えて、入院した後に身元保証人（緊急連絡先）を求めることは多いです。つまり、**「あなたに何かあったときに、誰に連絡をすればいいですか？」**ということです。

　ところで、医師から「家族を連れて、説明を聞きに来てください」と言われることがあります。ガンなど病気について、主治医から望ましい治療方法の説明があります。場合によっては複数の選択肢を提示されることもあります。たとえば、「手術の際にはこういうデメリットがあります、リスクがあります」、「事故が起きる確率は1％未満ですが事故が起きないという保証はありません。それでも主治医としては手術を受けることを

すすめます。手術を受けますか？」など。それぞれ、個々の状況
は違うので、一概に手術をすべきとは言えませんが、その医師
からの説明を聞いて、自分で判断することは、とても難しいこ
とです。やはり、**信頼できる人にも、医師からの説明を一緒に
聞いてもらって、一緒に考えてもらうほうが、望ましい**です。
同居の家族がいれば一緒に考えてもらうことができますが、
「ひとりの老後」であれば、そのようなことも含め、**終活サポー
ト事業者と一緒に話を聞いて、一緒に考える**ようにしてくださ
い。

　新型コロナウイルスに感染すると、入院するか、軽症者でも
専用ホテルで２週間ほどの療養待機を求められることも多いよ
うです。その場合、病院への入院中や専用ホテルでの療養待機
期間中に、**自宅の郵便ポストから郵便物を回収して持ってきて
もらう**必要があります。このようなことも、あらかじめ終活サ
ポート事業者と契約しておけば便利です。もちろん、郵便物の
回収だけではなく、入院が長期化すると、銀行の通帳、実印、家
の権利証など貴重品の管理を誰かに依頼する必要が生じます。
病院には、最低限の貴重品しか持ち込みできません。このよう
な場合も、終活サポート事業者とあらかじめ契約しておけば、
入院期間中だけ貴重品の管理をしてもらうことができます。な
お、これは、新型コロナウイルスに限らず、ガンなどの重い病
気のために入院するときも同じことです。このようなことも、
終活サポート事業者の役割です。

5 終末期の医療処置の希望を文書化

　10年くらい前から、「胃ろう」をするか否かについて、社会的な関心が高まりました。「胃ろう」とは、病気のために口から食べ物を取ることができなくなった人が、その代わりにおなかから胃に穴を開け、そこからチューブで胃に栄養を入れることです。口で食べられなくなったとしても、胃ろうをすれば何年も生きることができるため、**本人が自分で「胃ろう」を希望するのであれば、何の問題もありません。**問題は、**本人が自分で意思表示ができない状況のとき**です。そのようなときは、本人の家族が医療機関と考えることになりますが、家族も悩みます。家族がいない場合は、終活サポート事業者が、医療機関のチームと考えることになります。ケアマネジャーなど介護関連職種の人も話に加わることも多いです。しかし、医療機関のチームといえども、積極的に延命治療をするべきか、延命治療をするべきでないか、延命治療をしたとしても、どの程度までの治療をするべきか、とても悩みます。判断がつかない場合は、積極的な延命治療をせざるを得ないケースも多いでしょう。医療現場からは、「胃ろうしたにもかかわらず、誰も本人に会いに来ることがない。本人の喜びが全くない状況で延命治療を継続することが酷に感じる」という声も聞かれます。

　このようなことも意識して、**自分自身が終末期の医療処置についてあらかじめ文書化**しておき、**意識がないときは、その文書化した希望にそって医療サービスを受ける**ためのものが

ACP（アドバンス・ケア・プランニング：愛称「人生会議」「私の心づもり」など：終末期の医療処置の希望文書）です。

　このACPは、必ず、かかりつけ医と作成しましょう。かかりつけ医に自分の言葉でお話して、それを文書化し、相談したかかりつけ医の名前などもACPに記載しておけば、文書では読み取れない本人の気持ちを、終末期医療に対応する医療機関が、かかりつけ医に確認することもできます。さらに、ACPの作成の場に終活サポート事業者も同席して、かかりつけ医と作成しておけば、より本人の希望が明確になります。

　厚生労働省のホームページに、以下のとおり解説されています。

　誰でも、いつでも、命に関わる大きな病気やケガをする可能性があります。命の危険が迫った状態になると、約70％の方が医療・ケアなどを自分で決めたり、望みを人に伝えたりすることができなくなると言われています。
　自らが希望する医療・ケアを受けるために、大切にしていることや望んでいること、どこで、どのような医療・ケアを望むかを自分自身で前もって考え、周囲の信頼する人たちと話し合い、共有することが重要です。
　自らが望む人生の最終段階における医療・ケアについて、前もって考え、医療・ケアチーム等と繰り返し話し合い共有する取り組みを「アドバンス・ケア・プランニング（ACP）」と呼びます。

さらに厚生労働省は、2018年11月30日「ACP(アドバンス・ケア・プランニング)」について、愛称を「人生会議」とし、11月30日(いい看取り・看取られ)を「人生会議の日」とし、人生の最終段階における医療・ケアについて考える日としました。

　広島では、広島大学・広島県・広島市・広島県医師会の4者で構成される広島県地域保健対策協議会が中心となり、「私の心づもり」としてACPの解説と、それぞれの人が希望を記載するための用紙を作成し、以下のホームページで公表し、広島県内の多くの医療機関にも用紙が配置されています。

http://citaikyo.jp/other/acp/index.html

6 尊厳死宣言公正証書の作成

　「尊厳死」と「安楽死」という言葉。ときどき聞くことがありますが、この2つの言葉の解釈は、人によって大きく異なります。同じ意味で使っている人もいれば、使い分けている人もいます。使い分けている人は、「尊厳死」について、「日本の法律で許容される範囲の無理な延命治療をしないこと」を意図して使い、「安楽死」とは、尊厳死よりも広い範囲の言葉として、「自殺を手伝ってもらうこと」も含めた意図で使うことが多いようです。海外では、自殺を手伝うことが合法の国としてスイス、スペインなどがありますが、自殺を手伝うことは日本の法律では違法です。だから、日本国内では、一般的に「尊厳死を望む」と表現することが多いです。

　日本公証人連合会は、尊厳死宣言公正証書として、次ページの文例を公表しています。

尊厳死宣言公正証書

　本公証人は、尊厳死宣言者〇〇〇〇の嘱託により、平成〇〇年〇〇月〇〇日、その陳述内容が嘱託人の真意であることを確認の上、宣言に関する陳述の趣旨を録取し、この証書を作成する。

第1条　私〇〇〇〇は、私が将来病気に罹り、それが不治であり、かつ、死期が迫っている場合に備えて、私の家族及び私の医療に携わっている方々に以下の要望を宣言します。

1．私の疾病が現在の医学では不治の状態に陥り既に死期が迫っていると担当医を含む2名以上の医師により診断された場合には、死期を延ばすためだけの延命措置は一切行わないでください。

2．しかし、私の苦痛を和らげる処置は最大限実施してください。そのために、麻薬などの副作用により死亡時期が早まったとしても構いません。

第2条　この証書の作成に当たっては、あらかじめ私の家族である次の者の了解を得ております。

妻	〇〇〇〇	昭和	年	月	日生
長男	〇〇〇〇	平成	年	月	日生
長女	〇〇〇〇	平成	年	月	日生

私に前条記載の症状が発生したときは、医師も家族も私の意思に従い、私が人間としての尊厳を保った安らかな死を迎えることができるようご配慮ください。

第3条　私のこの宣言による要望を忠実に果たして下さる方々に深く感謝申し上げます。そして、その方々が私の要望に従ってされた行為の一切の責任は、私自身にあります。警察、検察の関係者におかれましては、私の家族や医師が私の意思に沿った行動を執ったことにより、これらの方々に対する犯罪捜査や訴追の対象とすることのないよう特にお願いします。

第4条　この宣言は、私の精神が健全な状態にあるときにしたものであります。したがって、私の精神が健全な状態にあるときに私自身が撤回しない限り、その効力を持続するものであることを明らかにしておきます。

以上

　公証人役場の実務としては、上記の文例どおりに、尊厳死宣言公正証書を作成することが多いようです。

⑦ エンディングノートを、終活サポート事業者に作ってもらう

　エンディングノートとは、自分の将来の希望を書いておくためのノートです。数年前まで書店でもエンディングノートの用紙がたくさん販売されていました。今でも「エンディングノートを自分で書きましょう。」と、聞くことがありますが、これは間違いです。正解は**「エンディングノートは、これから生活を支えてもらう人に書いてもらいましょう」**です。

　つまり、**自分の将来の希望を実現してもらう人に書いてもらわないと、エンディングノートを作る意味がない**のです。だから、同居の家族がいれば、その家族にエンディングノートを作ってもらえばいいですし、**家族がいない場合は、終活サポート事業者に、エンディングノートを作ってもらいましょう。**このエンディングノートを作成する過程で、終活に関するさまざまな必要なことが浮かびあがります。たとえば、自分の葬儀に誰を呼びたいか、葬儀をしないとしても逝去の旨を連絡すべき人の住所、氏名、電話番号や、納骨してほしいお墓の場所、そのお墓の管理者など、終活サポート事業者へ依頼すべき内容がはっきりします。

　このエンディングノートを作ることにより、任意後見契約、保証委託契約、遺言、死後事務委任契約などの個別の事務手続きの必要性が判明します。それら個別の手続きについて終活サポート事業者から案内を受け、その案内にそって終活します。

⑧ 遺言を作成し、遺言執行者を定める

　「遺言」という言葉には、いろいろな意味や用途があります
が、ここでは、「逝去時に自分が使い残した財産（遺産）を誰に
渡すか決めておく」ことを遺言作成の目的として考えます。

　遺言の作成をすすめられると、「自分はまだ死ぬわけではな
いのに、なんで今遺言を作らないといけないのだ！」と怒る人
もいます。しかし、**人として生まれたからには、いつか終わり
が来ます。**命が尽きる原因は、病気だけでなく、**交通事故、自然
災害、テロ、戦争など、さまざまな要因があります。**だから、元
気なうちに遺言を作成しておく必要があります。もちろん、こ
の本の筆者である私（橋口）も、現在48歳ですが、遺言を作成
済みです。

　誰かが逝去して、遺産の相続が発生した時、日本の民法では
遺言が優先されます。遺言がない時に限り、法定相続人が相続
することとなります。私がよく聞く言葉として「遺産を誰に渡
すべきか決まっていないから遺言が作れない。でも、法定相続
人のAさんには遺産を残したくない。」という言葉があります。
結局このようなことをおっしゃっていながら、遺言を作らない
まま逝去され、法定相続人のAさんへ遺産が相続されるケース
はとても多いです。このようなことにならないように、早く遺
言を作りましょう。

　遺言作成や遺言執行を業とするためには許認可が必要なの
で、終活サポート事業者から、専門の事業者（銀行、弁護士事務

所、司法書士事務所など）を紹介してもらい、公正証書遺言を作成しましょう。

　ただし、**遺言を作ったとしても、生きている限り、自分の財産は自分のために使ってください。**自分のことを一番大切にしていただきたいので、あまり節約して財産を残す努力をしすぎることがないようにしてください。私は、遺言を自分で作って、妙な感覚がありました。「大切な人たちに遺言で残してあげないといけないから、質素に生活して、節約しなくてはいけない」という思いです。ですが、**これは大きな間違いです。**自分の財産ですから、自分のために使わないといけません。終活サポート事業者と考えた**資金計画にそって、適度な節約、適度な支出**を心がけてください。

　さらに、もし遺言を一度作ったとしても、気が変わったら何回でも作り直してください。作成済みの遺言を変更することは自由です。変更前の遺言で遺産を受け取る予定だった人から遺言変更の承諾をいただく必要はありません。こっそり変更すればいいのです。私は、「遺言を作るまでは頻繁に会いに来て親切にしてくれた人が、遺言を作って受取人に指定されたときから、ほとんど会いにこなくなった。だから遺産の受取人を変更したい」というご相談をいただくことが多いです。受取人に指定されたら、既得権のような錯覚に陥るのでしょうか。世の中、不思議なことも多いです。遺言があってもなくても、同じように親切に接してくれる人こそ、こっそり遺言で受取人に指定してあげたらいいのではないでしょうか？

　ところで、ボランティア活動を熱心にしていた人は、自治体、

赤十字、卒業した母校など社会貢献のために遺産の何割かを寄付したいと思う人も多いです。**そう思う人は、早めに遺言を作成してください。**

遺言を作る手順として、まずは終活サポート事業者に遺言内容を相談します。遺言内容を終活サポート事業者と決めてください。そのうえで、遺言作成や遺言執行を業とするためには許認可が必要なので、専門の事業者（銀行、弁護士事務所、司法書士事務所など）を紹介してもらい、公正証書遺言を作ってください。この方法は費用がかかりますが、それは一生涯の必要な費用です。

それから、遺言には、必ず遺言執行者も記載して定めてください。遺言執行者とは、遺言の内容を実現する人のことです。遺言があっても、遺産を受け取るべき人が、遺言の存在と、本人が逝去したことを知らないと受け取ることができません。さらに、遺産を受け取る人が、高齢であったり、遠方に在住していると、受け取るための事務手続きが困難です。だから、受け取ってもらう人には面倒をかけずに、**受け取るべき遺産をスムーズに受け取ってもらうために遺言執行者を定めておく必要**があるのです。だから、将来、遺言執行者として業務してもらう予定の人へ、あらかじめ**遺言執行業務を依頼するとともに、遺言作成のサポートや作成後の遺言の保管を依頼して**ください。

9 終活サポート事業者と、死後事務委任契約

　銀行、弁護士事務所、司法書士事務所などへ遺言執行業務を依頼しますが、**遺言執行業務として実施することは主に財産のことに限られます**。一般的に、預金の解約や遺産の受遺者への引き渡しなどは遺言執行業務として依頼できますが、**葬儀の喪主や、お墓への納骨、自宅の整理、携帯電話の解約、公的年金の死亡届などは、遺言執行業務として依頼できません**。一般的に、葬儀の喪主や、お墓への納骨、自宅の整理などは**家族がするから**です。ですから、遺言執行者に依頼できない業務について、**終活サポート事業者**と、葬儀の喪主、納骨のほか、自宅の片づけや携帯電話の解約など、**死後事務委任契約を締結**して依頼しましょう。

⑩ 社会的役割を担い、少額の寄付を定期的に実施

　終活サポート事業者と一緒に、これまでに書いたことを実施したら、ひとまず、最初の終活は終了します。しかし、先にも説明しましたが、終活は一度したら終了ではなく、継続的に見直しが必要ですし、終活サポート事業者との定期的なお話の機会は、逝去するまで続きますので、終わりはありません。しかし、その終活サポート事業者とのお話は、毎月1回くらいを目安とし、毎日お話するわけでもありません。そこで、みなさまへおすすめしていることは、社会参加です。町内会の交通安全運動、卒業した学校の同窓会の事務、子ども食堂の手伝いなど、ボランティア活動に参加し、社会的な役割を継続的に担いましょう。

　特に男性の方に意識していただきたいのですが、定年退職した後も、**社会的な役割を担う**ことをおすすめします。サラリーマンとして会社や官公署などに勤務していると、その仕事を通じて、社会的な役割を担うことになりますが、定年退職すると、そのような社会的な役割が一度終了してしまいます。サラリーマン時代から、地元の町内会や、消防団など、仕事とは別の社会的な役割を持っている人は多いのですが、そうでない人もいます。そうでない人は、定年退職した後からでも、何か社会的な役割を担うことをおすすめします。

社会的な役割としては、

①シルバー人材センターや子ども食堂などでボランティア
②定年退職後の短時間勤務
③趣味のサークルの運営手伝い
④地元町内会の交通安全運動への参加

など、さまざまなものがあります。無理にたくさんしないで、月に1回でも構いませんので、自分のペースで心地よく続けられるものを継続的に探していただければと思います。

　さらに、金銭的に余裕があれば、社会貢献事業へ少額の寄付を定期的に実施しましょう。たとえば、毎年、**1年に1度だけ10万円くらい**を、どこかの社会貢献活動に寄付することをご検討ください。赤十字、自治体、卒業した母校、町内会、子ども食堂など、寄付を募っているところはたくさんあります。

ひとりの老後を送る人は、新型コロナウイルスのために社会との接点が少なくなってしまい、社会への関心が低下してしまう可能性があります。年金収入があれば自宅に閉じこもって、社会への関心を持たないで生活することが可能ですが、それがゆえに、認知症のリスクが高まってしまうおそれがあります。定年退職した後も、**寿命を迎えるまで、社会の一員として、社会貢献の意識をもっていただくことをお願いします。**ボランティアとして継続的に社会へ労力を提供することは、日本社会でずいぶんと定着していると感じますが、**継続的に少額の寄付をする文化については、日本社会は、まだまだ未成熟**であると感じます。「今年の寄付先はどこにしようかしら。今は、コロナ対策で自治体の財政も大変だから、次は今住んでいる自治体にしようかな。それとも近所の子ども食堂にしようかな」など、寄付をしながら頭の体操をしていただきたいと思います。さらに、寄付先の団体に、ボランティアでも参加していただくと、寄付と人的交流が一体化し、とてもいい人間関係が生まれやすくなります。

　ただし、人的交流が続くと、情愛が伴うため、ご自分の資金計画を超過した寄付をしてしまいそうになります。寄付は、終活サポート事業者と考えた**ご自分の資金計画の範囲内で、無理なく**お願いします。

11 子供がいないご夫婦の終活

　子供がいない70歳前後のご夫婦から、終活の相談をよくいただきます。こどもがいないご夫婦がおっしゃることは、以下のような言葉であることが多いです。

「今はまだ夫婦間で支えあいができるからいいのだけど、10年後には、どちらか倒れて支えあいが困難になるかもしれません。だから、夫婦のどちらかが倒れたら、橋口さんにいろいろ依頼したいと思います。県外に甥姪がいるのですが、コロナのこともあり、県外からたびたび広島まで来てもらうわけにはいきません」

　そのお言葉に対して、私は以下の言葉をお返しすることが多いです。

「お話いただきまして、ありがとうございます。もちろん、10年後にご依頼いただければ、その時に対応いたします。しかし、**果たして10年後に私のことを覚えていて本当に連絡をいただけるでしょうか？つまり、10年後に、私のことを覚えているでしょうか？**

　認知症の症状のうち、アルツハイマー型認知症については、ゆっくりと進行します。急にどちらかが脳梗塞で倒れたなら、その時が私に依頼するタイミングであるとご認識いただけるでしょうが、ご夫婦ともにアルツハイマー型認知症となった場合、私へ依頼する必要性が生じていることすらご夫婦ともにわからないまま時が経過し、私のことすらお忘れになられてし

まって、結果的に**二人とも特殊詐欺の被害者になってしまう**可能性はとても高いです。そのようなことを防止するためにも、ご夫婦ともにお元気なうちに、お二人とも今後の安否確認や見守りのご契約をいただけませんでしょうか？もし二人とも契約いただけないとしても、ご夫婦のどちらか一人だけでも、今後の安否確認や見守りのご契約をいただけませんでしょうか？そうしておけば、お二人が同時にアルツハイマー型認知症などの病気や二人とも交通事故などにあったとしても、すぐに対応できます。将来、ご夫婦二人とも要介護になったとしても、適切な対応をすることができます。80歳になってからではリスクが高すぎるので、この数か月のうちにご契約いただけるよう、ご検討いただけませんか？

　もちろん、県外のご親族様やご友人など、ご契約時に指定していただいた方には、必要に応じて、私から報告や相談をします。過去のご契約者様のケースですが、**県外の親族様**から、『何かあったら連絡してほしいけど、全部対応することは難しいので、橋口さんから連絡をいただけて、かつ対応もしていただけるので安心だ。とても助かる』とおっしゃっていただいたことも多いです。もちろん、私は、ご契約者様から、あらかじめ指定いただいた方にしか連絡しません。たとえ親子でもご夫婦でも、仲がいいとは限らないので、『この人には私になにかあっても連絡を入れてほしくない』と言われた人には連絡しません。ただし、これらのことも、ご夫婦とも重度の認知症になってからでは確認することができないので、今のうちに、ご契約いただき、このようなことをあらかじめ、エンディングノートに書

き取らせていただく必要があります」

　以上の会話をした後、ご夫婦ともに、私の経営する終活サポート事業者「人生安心サポートセンター　きらり」へご入会いただくことが多いです。

第3章

人生安心
サポートセンター
きらり

1 きらりとは

　きらりは、2011年（平成23年）に設立された終活サポート事業者です。後見人、身元保証人、資産管理、葬儀、お墓などを、バランスよくトータルマネジメントします。

　本部は、広島商工会議所ビル8階にあり、広島を中心に、延べ300名以上の会員様を有する団体です。過去のテレビ、新聞からの取材は、数十件以上で、広島で最大の団体です。理事長である私（橋口）は、2001年（平成13年）から、個人事務所として橋口司法書士事務所を開業し後見人業務を実施していましたが、数十年にもわたる後見人業務を実施するために、橋口司法書士事務所の後見人業務を法人化したものが、きらりです。もちろん、きらりは、後見人業務が必要であれば行いますが、後見人業務以外にもさまざまなサービスを行っております。病院・介護施設・賃貸住宅などに入る際の保証人の引き受けや、葬儀お墓のことまで、老後に必要となることについて全般のサポートを引き受けております。ただし、ご利用いただくコースによって、提供できるサービスが異なります。詳しくはきらり事務局までお問い合わせください。入会相談の費用は無料です。

【きらり事務局】一般社団法人 人生安心サポートセンター きらり
〒730-0011 広島市中区基町5番44号 広島商工会議所ビル8階
TEL 082-227-2600
営業時間 平日／午前9時～午後5時45分
　　　　（緊急対応は年間365日実施します）

人生　きらり　｜検索｜ https://jinseikirari.or.jp/

後見人、身元保証人、資産管理、葬儀、お墓などのトータルマネージメント

- 事務局職員…約15名 (パート、橋口司法書士事務所職員含む)
- 会員様…延べ300名以上
- 会員様平均年齢73.9歳、最高齢95歳、最年少55歳
- 締結済任意後見契約…100件以上
- 病院、介護施設、賃貸住宅の保証人引き受け…300件以上
- 逝去した会員様の、逝去後の対応…50件以上
- 会員様専用お墓のサービス
  美鈴極楽墓園 (広島県広島市西区山田町125-1) 内、
  会員様専用のお墓
- 広島県内の行政機関、金融機関、大学などさまざまな機関での
  講演…100件以上
- 地元テレビ局、中国新聞等からの取材…20件以上

2011年	設立
2019年〜	広島大学から学術指導をうけて、サービスレベルが向上
2020年	社会貢献事業を開始
	きらり会員様からの寄付金を原資に、地域包括支援センターなどへ足踏式消毒液、ポンプスタンドを寄贈。今後、公益財団法人ひろしまこども夢財団へ寄付など、継続的に社会貢献事業を実施予定
2021年	ひろぎん生活パートナーサービスと業務提携

② きらり設立のきっかけ

　私が「きらり」を、2011年(平成23年)に作ったきっかけは、ある元看護師の女性との出会いでした。当時、その元看護師の女性は、元気に72歳の人生を謳歌していました。乗馬クラブに通ったり、海外旅行したりと、趣味も仕事もエンジョイしながら、活発にいろいろなことにチャレンジしていました。

　その元看護師さんから、次の相談をいただきました。
「橋□さん、あのぉ、後見人の仕事を、橋□さんが一生懸命やってるのはよくわかりました。だけど、まぁ私自身まだ今ちゃんとしっかり健康で判断能力もあるし、すぐに後見人が必要な状況じゃありません。でも私は、10年後か20年後には重い認知症になってるかもしれないから、重い認知症になった時には橋□さんに後見人の仕事を頼みたいと思いますけども、どうしたらいいんですか」

　その時、すごくありがたいと思うとともに、しかし簡単なことでもないことも、当然、わかりました。私自身、健康でしっかり20年後にも仕事ができる保証がないからです。私のほうが先に病気になるかもしれないし、交通事故や自然災害などに私も巻き込まれて、お客様より先に仕事ができなくなるかもしれません。20年後の仕事をあなたに頼みたいと言われても、わかりましたと言って、その方と直接ご契約させてもらって、20年後私が仕事できなかったら、そのお客様を裏切ることになります。もし、私が個人で経営している橋□司法書士事務所と契

約いただいていると、私が病気などで倒れたら、お客様との契約は効果がなくなってしまいます。だから、橋□司法書士事務所という個人事務所で、20年後の仕事を引き受けるのは難しいと思い、「きらり」という終活サポートの専門法人を作りました。

　きらり（法人）とご契約をいただいたら、もし私が先に倒れても、お客様ときらりとの間の契約に影響はありません。そのまま、きらりのサービスを継続できます。きらりは、新しい理事長を選任すればいいだけです。きらりには、多くの役員と顧問がおり、併設する橋□司法書士事務所にも数名の司法書士がいるので、新理事長の人材に困ることはありません。

③ きらりの顧問・役員

2021年9月現在、以下のみなさまに、顧問・役員として、ご協力いただいております。

【顧　問】

大塚　一郎（弁護士・元広島高等裁判所裁判官）

山下　　江（弁護士法人 山下江法律事務所 代表弁護士）

【会長理事】

谷村　武士（元広島商工会議所　専務理事）

【理事長】

橋口　貴志（橋口司法書士事務所　所長）

【理　事】

荒本　徹哉（元広島市副市長）

【監　事】

山崎　幹雄（元広島県職員）

三浦　真一（三浦真一税理士事務所　所長）

2021年9月現在

④ 広島大学からの学術指導

　きらりのサービス提供については、多くの法律上の課題があります。身元保証人業務については、医療同意の方法など、常に法改正に向けての主務官庁の動向を注視し、最新情報を入手しなければなりません。さらに、成年後見制度についても、法改正の動向や制度の利用方法について、最新情報を入手しなければなりません。そのようなことについて、法律だけの専門知識だけでなく、医療介護分野など、幅広く多くの分野の最新情報を入手し、その情報を、きらりのサービス向上につなげることを目的として、きらりは、広島大学から、継続的に学術指導をいただいております。この本の出版についても、もちろんご指導いただいております。

　さらに、広島大学から学術指導をいただくことについて、以下の副次的目的があります。

　時として、きらりは、宗教や政治の関係団体と誤解されることがあります。日本に普及していないサービスですので、消費者や多くのみなさまが、きらりのサービス利用について、とまどいを感じることも多いようです。その不安を払拭するため、さらに、きらりのサービスをより高度にするために、広島大学から、学術指導をいただいております。

5 きらりの葬儀、お墓

　「私の葬儀をしても誰も来ないから、葬儀はいらない。直葬
（火葬だけ）でいいよ。お墓を作っても誰もお参りに来ないか
ら、散骨でいいよ」

　私は、このような言葉を聞く機会がとても多いです。聞いて
も、あまり表情に出さないようにしますが、この言葉を聞くと、
とてもつらいです。おそらく、このようにおっしゃられる人は、
「私にとって大切な誰かが葬儀に来るなら葬儀をしたい。私に
とって大切な誰かがお墓参りしてくれるならお墓に納骨してほ
しい」と思っている可能性が高いからです。おそらく、その方
の家族や友人など、その方にとって大切な人たちは先に逝去さ
れたのだと思いますが、だからこそ、つらいです。

　もちろん、散骨を否定する趣旨ではございませんので、積極
的な価値観として散骨を希望される方であれば、よろこんで散
骨のお手伝いをいたします。しかし、もし、散骨を希望する人
であれば、「散骨『が』いい」という発言になるはずです。「散骨
『で』いい」という発言をされた時には、散骨よりもっと価値の
ある場面が、その人の頭の片隅にあるはずです。

　私は、きらりの会員様へ、以下のようなお話しをすることが
多いです。
「せっかく、きらりに入会いただき、ご縁をいただいたので、ぜ
ひ、きらりの葬儀とお墓のサービスをご利用ください。きらり
葬とは、きらりが喪主または施主を引き受けることです。つま

り、遠方の親族や友人など、喪主を引き受けることまでは難しいが、お別れのあいさつに来たいという人はいるはずです。その方たちのために、きらりがお手伝いします。**遠方の親族が喪主になると、葬儀費用やお寺様へのお布施を支払わないといけなくなりますし、逝去の直後に、病院へ遺体のお迎えに行き、葬儀会社と折衝し、関係者へ葬儀の案内をするなど、とても負担が大きいです。**しかも、逝去したのが深夜であった場合、深夜に病院へかけつけなければいけません。だから、きらりが喪主または施主となり、葬儀の準備をいたします。もし、親族様が葬儀にいらっしゃっていただけるなら、親族様の一人に親族代表としてごあいさついただき、きらりは費用の支払いなど親族様をお手伝いする形式でサポートすることもできます。葬儀にはきらりの役職員も参列しますので、私どもに葬儀（喪主または施主）をまかせていただけませんか？

お墓についても、親族様のお墓に納骨するのであれば、そのお手伝いをいたしますし、もしご自分のお墓がない場合には、きらりが団体で確保した専用墓地とお墓をご利用ください。きらりのお墓は、美鈴極楽墓園内（広島市西区山田町：ジ アウトレット広島の近く）にあります。**会員様のお墓利用の費用をお支払いいただくのは、お申し込み時だけです。きらりが今後の管理費を全部負担します**ので、きらりのお墓は、承継者を定める必要がありません。すでにたくさんの会員様が逝去され、きらりのお墓に納骨させていただいております。毎月、きらりの役職員がお参りしております。なお、**理事長である私の墓も、同じ区画内にすでに作ってありますので、私も寿命を全うした**

ら、お墓でも、ご一緒させていただきます。

　会員様へ、このようなお話をした後、1年くらいたってから、きらりの葬儀とお墓のサービスの利用申込をいただくことが多いです。

⑥ きらりのボランティア、寄付、社会貢献、社会参加

　きらりは、きらりの会員様へのサービスだけではなく、団体として社会貢献事業を実施しています。2021年は、広島市の区役所、近隣自治体の地域包括支援センター、病院などへ、足踏み式消毒液ポンプスタンドを寄贈いたしました。今後、子ども食堂などへ経済的支援をおこなう予定です。

　きらりは、会員様から一度寄付を受け取り、そのいただいた寄付を財源として、毎年、奨学金、児童福祉施設、子ども食堂、自然保護団体などへ物資や資金を届ける予定です。そのことをきらりの会員様へ呼びかけた結果、社会貢献事業のための資金を遺言できらりに寄付してくださる会員様も増えております。

　社会貢献事業は、いろいろな団体が実施しており、特に珍しいことではございません。それでは、なぜ、きらりが社会貢献事業を実施するのか。その理由は、きらり会員様の社会的役割を創出するためです。きらりの会員様の中には、元公務員、元教員、元看護師、元ソーシャルワーカーなど、高度な知識や経験をお持ちの会員様がたくさんいます。さらに、その会員様たちは、まだまだお元気なので、町内会の役員やお寺の世話役などで、ボランティアとして働いている人も多いです。その方たちに、きらりでも、能力を発揮していただくことが狙いです。すでに、きらりは、ボランティアを希望する会員様や一般の市民の方々をサポーターとして数十人登録しております。きらりのサポーターの人たちは、体が不自由な会員様の話し相手にな

るなど、社会貢献しながら、気の合う仲間を作り、人生を楽しんでいます。さらに、車イスの生活をしている会員様や要介護の認定を受けている会員様の中には、「ボランティアとして体を動かすことは難しいけど、奨学金の資金を出して、学びたい意欲のある学生を支援したい。」というお気持ちの方も複数います。ただ、残念ながら、新型コロナウイルス感染症が流行しはじめてからは、一時サポーターの活動を休止しております。しかし、将来的に、きらりは、寄付先の選定を、きらりサポーターのみなさまに担っていただきたいと考えております。

　きらりは、終活サポート事業者であるとともに、市民のみなさまの共生、相互扶助を実現するための組織でもあります。

　この理想を実現するためにも、**将来は、きらりビルを建設**したいと考えております。きらりビルは、子ども食堂、小学生向け塾など地域社会との交流エリアを併設し、賃貸住宅を含んだ複合ビルです。ビルの1階に設置した食堂を、ビルの入居者だけでなく、地域社会のみなさまにも安価にご利用いただけるようにいたします。さらに、ビルの2階〜3階の交流エリアでは、小学生向け塾などを安価に設置いたします。一人暮らしをしている元気なきらり会員様は、このビルに入居いただいて、食堂運営や塾の運営など、ご自分の関心のあることに、気が向いた時だけご参加いただけるようにいたします。

第4章

きらりの
サービス体験談、
実例

1 体験談
（きらり会員様からの寄稿）

【YT様／男性／63歳】

　僕は、言いたいことは何でも言うし、わからないことは、わかるまで質問をする性格です。そして、僕の言ったことに対してきちんと答えてほしいとも思っています。その希望通り、きらりはいつも「親切」に「誠実」に対応してくれます。

　僕は2018年（平成30年）8月にきらりに入会しました。最後の家族の弟を亡くして一人になり、同時期に神経難病の脊髄小脳変性症と診断されたことがきっかけでした。短期間に今後の生活についての大きな不安が押し寄せ、隣の家の方に不安な気持ちを言うと、その隣の家の方から民生委員さんへ、さらに地域包括支援センターに相談してもらい、きらりを紹介してもらいました。入会して病院に急きょ入院することになったり、自宅や自動車を売却したりとバタバタしましたが、すぐに動いてもらったため、日々安心を感じていました。不安は一切なかったです。

　僕の病気は身体が不自由になるだけで、最後まで意識がありますから、病気が徐々に進行し、弱っていく姿を知り合いに見られたくない気持ちが強いです。しかし、明日突然動けなくなるかもしれない恐怖を誰かに理解してほしいという気持ちもあります。そのため、きらりの職員さんとコミュニケーションを取る中で、第三者の目線で理解してもらえることがきらりに入会してよかったと思う点です。現在では、病院に同行しても

らって病状の説明を一緒に聞いてもらったり、毎月一度の定期訪問で、ひと月の収支の報告をしてもらったりしています。他にも、買ってきてほしいものをお願いすることもあります。

　きらりに入り、一人でいることの不安はなくなりましたが、僕はこれから何十年生きるかわかりません。そうなると、やはりお金の心配は尽きません。ひと月に1000円程度の出費が増えただけだとしても、10年20年と積み重なると大きな額になります。だからこそ、きらりの職員さんには本音で不安なことや疑問をぶつけて、100％の答えを返してほしいのです。今のところはあと30年生きたとしても十分に足りると言われていますが、今後どんなことがあるかわかりません。もしも不足してしまうような状況になりそうな場合には安い施設に移ることを検討するなど、何とかやりくりができるように調整してもらう予定です。

　それから、葬儀やお墓の契約もしました。親身に対応してくれるきらりに任せたい気持ちが大きくなったからです。これからも、親身に誠実に対応してくれることを期待して、最後まできらりに任せたいと思っています。

2 体験談 （きらり会員様からの寄稿）

【AH様／男性／63歳】

一人になって不安

　妻が病気になって、平成28年2月に亡くなりました。病気になって1年3カ月で亡くなりました。私よりも先に亡くなるとは思ってもいませんでした。

　仕事は続けたい。これから好きなことをしよう。好きなスキーをしたいと強く思いました。

　私は大きなケガをしています。スポーツには、ケガが付き物、大きなケガ、病気をしたら、どうしよう。親戚、子供、頼りたくない。貸しをつくりたくない。

　これからの人生、好きなことをしたい。どうしてもケガ、病気の不安が付いてくる。新聞を見ていたら、後見人、保証人、身元引受人、資産活用、尊厳死、葬儀など老後あらゆる問題をトータルで引き受け解決します。人生安心サポートセンターきらりさんの新聞広告が目に入りました。

　人生安心サポートセンターきらりさんのセミナーが福山である。これに参加をしよう。出席をしました。老後のあらゆる問題をトータルで引き受け解決してくれる。これだと思いました。広島商工会議所、人生安心サポートセンターきらりさんを見に行きました。キチンとしている。信頼できると感じました。申し込みをしました。

これからは好きなこと、スキーができる。気持ちが楽になりました。スキーをして平成30年春、人工芝スキーで右肩腱板断裂、大きなケガ、手術をしなくてはいけない。親戚、子供にお願いをしようとは思わない、きらりさんに連絡をして身元引受人、保証人をしていただき病院に3回来ていただきました。

7月20日　入院対応 (書類)
7月22日　手術前説明 (立ち合い)
7月24日　手術 (付き添い)

　手術を安心、落ち着いて受けることができ、良かったです。これからも安心して生活をしていきたい。自分の人生だから。
　何かあったら相談します。

③ 体験談 （きらり会員様からの寄稿）

【TM様／女性／58歳（TM様の父母へのサービス）】

　私はアメリカ在住で、広島に住む両親のことが心配ではありましたが、夫と旅行会社を経営していることもあり頻繁に日本に帰国できません。また、日本に親族はいますが頼ることはできません。この状況の中で、父が要介護３の認定を受け、特別養護老人ホームに入所することになり、私に代わってすぐに対応してくださる保証人を探していました。このことを元々両親が入所していた高齢者福祉施設の方に相談したところ、「きらり」を紹介していただきました。

　まずは父のみ入会申込をしました。数日間しか日本に滞在できなかったため、申込の翌日に契約を完了させていただき、入会金もその場でパソコンから振込をしました。

　入会してからは、特別養護老人ホームの保証人の引き受けの他に、財産管理や役所関係の書類手続き、日用品の購入などのサポートも非常に充実していました。むろん、これらの依頼の全ての意思決定をきらりに委ねるのではなく、私の代理として動いていただくという形です。近くに頼れる親族が増えた感覚でした。基本的にはメールでやり取りを行い、緊急時には国際電話を利用することもありました。

　父が入会してから約半年後、私が再度帰国した際に、母の契約も依頼することにしました。父のサポートを安心してお任せできていたことと、次に帰国できる日程が当分先だったため、

できる限りのことをしておきたいという気持ちが大きかったためです。ほぼ同じタイミングで両親の亡くなった際やその後の事務手続きも依頼しました。基本的には私が帰国してできる限りのことをしたいと思ってはいましたが、どうしても難しい場合にきらりで代行していただくためです。

　手続きが完了した頃、両親とも緊急入院をすることになりました。きらりの職員の方がすぐに対応してくださり、医師の説明を聞くと同時に、私の意思を伝えてくださいました。

　そのような中、母の余命がわずかだときらりから連絡を受けて緊急帰国をしました。まもなく病院から危篤の連絡を受けて駆け付け、最期を看取ることができました。そのわずか3カ月後、追うように父も亡くなりました。この時には帰国が間に合わず、きらりの職員の方に看取っていただきましたが、火葬は私の帰国を待っていただくようにお願いし、父とも最後のお別れができました。きらりにお世話になってから私も安心することができたので、両親は安らかに天国に召されたと思います。本当にお世話になりました。

4 サービス事例

【サービス事例／MT様】

　あるユーモアたっぷりの男性できらり会員M様へのサービス実例をご紹介します。

　M様は、数十年前から、公営住宅に一人暮らしでした。きらりの入会は、2012年（平成24年）、当時M様は82歳でした。保有する財産は200万円ほどの貯金のみ。公的年金と原爆手帳の収入の範囲内で、質素な生活を送っていました。

　M様は、映画館の支配人など、多くの職業を転々としたそうで、とても人生経験豊かな、人間愛あふれる方でした。
　35歳の時に結婚し、53歳の時に離婚。その後、ひとりで人生を歩まれました。娘さんがひとりいましたが、離婚後は、その愛する娘とも、疎遠になっていました。

　きらりに入会後、月に一回開催されるきらり会員様の交流会に頻繁に出席され、多くの会員様と、ユーモアたっぷりの会話を楽しまれておられました。さらに、なんと、83歳から携帯電話を、古いタイプの携帯電話（いわゆるガラケー）から、最新のスマートホンに機種変更し、その最新携帯電話の通信機能を使ってフェイスブック（Facebook）を始めたのです。フェイスブックとは、言葉で説明するのは難しいのですが、インター

ネット上で自分の日記を写真付きで公開することだと思ってください。さらに、フェイスブック上で友達になった人と、その日記をお互いに見せ合うことができるのです。83歳の高齢者には、とても難しかったはずなのですが、なんとM様は、そのフェイスブックを活用して、ご自分の日常生活をどんどん公開しはじめたのです。

その公開された日記は、とてもたくさんあるのですが、中には、自作の電動ロボット（デアゴスティーニ）を動かして、そのロボットが見事に動いている様子を、スマートホンの動画で撮影したものまでありました。

きらり事務局の役目として、会員様の安否確認という重要な仕事がありますが、このように会員様がお元気に活躍している様子をフェイスブックで拝見し、フェイスブック上でコミュニケーションをとることで、その安否確認も同時に、一緒に楽しみながら実現することができました。

ところで、きらりへ、テレビや新聞の取材依頼が、過去10年間に数十件ほどありました。

テーマは、「終活」、「エンディングノート」、「ひとりの老後」など、さまざまです。

きらり事務局へ取材があると、必ず新聞記者やテレビのディレクターから頼まれることがあります。それは、きらりの会員様個人への取材です。

もちろん、私は、取材に協力したいのですが、会員様は、取材をとても嫌がります。それは、もちろんです。自分の生活状況

や親族関係のプライバシーをさらけ出して、自分の考えを世間に公表することを喜んでする人はいません。しかし、M様は、こころよく取材を引き受けてくださいました。取材当時、M様の担当をしていたきらりの若い女性の事務局職員Sさんを、孫のようにとても可愛がってくれていたので、「私が取材を断ると、あなた（女性職員Sさん）が困るじゃろ。大丈夫だよ。協力してあげるよ」とおっしゃってくださり、取材に協力していただきました。一人暮らしの自宅の室内、自炊のため台所でフライパンを使って自分で食べるための親子丼を作っている様子など、自らのプライバシーを民放のテレビ番組で公表してくださいました。M様のように、自分のことより、相手の人のことを気遣って行動できる人は、とても少ないです。今でも、きらり事務局職員一同は、M様への感謝を続けております。

　そのM様は、公営住宅にひとりで住んでいましたが、87歳で体が不自由になってきたので、介護施設に入居しようとしていました。きらりは、介護施設のご紹介や、その介護施設へ入居する際の保証人を引き受けます。M様の年金や資産状況を考慮しつつ、M様の介護保険のケアマネージャー様と一緒に相談してケアハウスをご紹介することとなりました。そのケアハウスに入居するための健康診断で、なんとガンが発見され、ケアハウスに入居するのではなく、広島市内の病院へ入院することとなりました。さらに残念なことに、M様のガンはかなり進行しており、余命3か月ほどと診断されたのです。

私は、M様の命が長くないことを悟ったとき「娘さんへ連絡しましょうか？」と尋ねたのですが、M様は、無言で首を横に振っただけでした。私にはM様の苦しい気持ちが痛いほどよくわかります。

　M様のご自宅には、娘さん、娘さんの子どもたち（Mさんからするとお孫さんたち）の写真も数多く飾ってあったので、娘さんやお孫さんたちに、とても会いたかったことでしょう。最後のお別れを会って告げたかったことでしょう。しかし、M様は、頑なに娘さんへ連絡することを拒否しました。おそらくM様は離婚にいたった原因や、離婚後のいろいろな出来事を思い出して、娘さんに連絡しない決断をしたのでしょう。最後の父としての優しさです。

　その優しさを察した私は、何も言わずに、M様の最後を一緒に迎えました。

　2017年（平成29年）、87歳でM様は人生の幕を降ろされました。

　M様の逝去後、M様の希望どおり、M様のご兄弟や甥姪数名、きらりの事務局職員数名、きらり理事長橋口、きらり会員様の少人数で、M様の葬儀をおこない、火葬、収骨をおこないました。その後、きらり会員様専用のお墓で、M様は、安らかに眠っておられます。

　きらり会員様専用のお墓は、美鈴極楽墓園（広島市西区山田町：ジ アウトレット広島の近く）にあります。毎月、そのお墓に、職員がお参りしております。私もお参りすると、お墓の前

でM様と、心の中で、いろいろなお話をします。M様は、いつも冗談を言って、私を和ませてくださり、「橋口さん、大変だろうけど、がんばれよ〜」とはげましの言葉をかけてくださいます。

　私のお墓も、きらり会員様専用区画の中にありますので、将来は、M様や、会員のみなさまと一緒に天国でお酒を楽しむ予定です。

5 サービス事例

【サービス事例／MA様】

女性会員MA様へのサービスをご紹介します。

　M様は、40歳になるくらいまで、大手のスーパーで管理職としてがんばっておられたそうです。離婚した後、最愛のひとり息子さんと仲良く暮らしていたのですが、なんと、息子さんが36歳の時に交通事故で亡くなられ、M様はひとりで生活をすることとなりました。さらにM様は、現代の医学でも治療が困難な難病を患ってしまい、立って歩くことも困難になってしまいました。そこで、介護施設に入居するために保証人が必要となり、さらに、将来の後見人が必要となったため、M様は、67歳の時、2011年（平成23年）に、きらりへご入会いただきました。

　M様は、すこし難しい性格で、サービス提供者へ求めるサービスレベルが高すぎる人でした。ですから、きらりへ入会する前に、ある公的団体に将来の後見人サービスを申し込んだところ、断られたそうです。きらりの入会に際しても、いろいろなご要望をいただきましたが、きらり事務局職員の全員で、M様のご要望には、しっかりお応えさせていただきました。

　M様のきらり入会後、M様が入居している介護施設とM様の間で、よくトラブルが発生しました。M様は認知症の症状は全くありませんでしたので後見人としてのサービスは必要なかっ

たのですが、介護施設に入居するための保証人が必要であり、きらりは、その入居の保証人としてM様へサービスを提供しました。

　ある介護施設では、エアコンのフィルター清掃を怠っていたために、M様が入居している部屋のホコリが多かったそうです。ホコリの目視はできないけれど、難病のM様には、大変な苦痛だったようです。その介護施設の施設長を呼び出して、2時間怒鳴り続けたそうです。いつもM様の抗議する口調が厳しすぎて、さらにその抗議時間も一般の人より著しく長く、M様の求めるサービスがあまりに高すぎたため、入居中の介護施設から退去を求められることがたびたびありました。そのたびに、きらりの職員は、M様と介護施設の間に入って、どうにか妥協点が見いだせないかと、奔走しておりました。M様のクレーム対応に苦慮した介護施設の責任者から、きらりへたびたび呼び出しがありましたが、そのたびに、不適切な言動をしたお母さんのために呼び出される息子のような気持ちで対応していたことが懐かしく思い出されます。

　そのようなM様は、ついに2017年（平成29年）、73歳で難病のために逝去されました。

　M様は、きらりに入会する際は、2000万円ほどの貯金がありましたが、逝去するまでに、介護施設への入居費用として、ちょうど使い切っており、逝去した際は100万円未満の貯金となっていました。さすがM様です。見事にご自分の人生を、最後までご自分の希望どおり全うされました。M様のご冥福を心よりお祈り申し上げます。

第**5**章

終活知識編

1 安否確認、訪問サービス

　一人暮らしの高齢者を見守るためのサービスは、さまざまなものがあります。自治体が実施しているものから、郵便局や民間企業が実施しているものまで、いろいろあります。形式も、24時間のセンサー形式もあれば、毎月１回の定期訪問形式、新聞ポストに数日分の新聞がたまったら新聞配達店が確認する形式まで、さまざまです。

　あまりに多くの安否確認サービスがあるので、どのサービスを利用すべきか迷ってしまいますが、**一番のおすすめは、クロネコヤマトの愛称で有名なヤマト運輸が提供を始めたハローライトプラン**です。このサービスは、トイレや廊下などの電球をハローライト電球に交換するだけで始められる見守りサービスです。前日朝9:00〜当日朝8:59の間に電球のON/OFFが確認できない場合に異常を検知し、事前設定した通知先へメールでお知らせ。通知先の方からご依頼いただくと、ヤマト運輸のスタッフが利用者のご自宅へ訪問し状況を確認するものです。

　センサー形式の安否確認サービスなら、日本国内にたくさんございますが、**センサーが異常を検知した際に、自宅まで訪問することがワンセット**になっているサービスは、警備会社以外、ほとんどございません。警備会社から販売されているサービスと比較すると、ヤマト運輸が提供を始めたハローライトプランは、設置費用無料で、月額 1078円 (税込) という**低価格**です。しかも異常検知の際の訪問料金はかからないという破格の

サービスですので、今後、利用者が増えるでしょう。なお、この
サービスは、利用契約の際に異常情報についての通知先の設定
が必要です。**適切な通知先がない人は、終活サポート事業者を
通知先**にしてください。

　訪問サービスについては、センサー形式の安否確認とワン
セットで提供される形式もあれば、安否確認とは別の目的で定
期的に決まった日時に訪問する形式もあります。

　終活サポート事業者が定期的に訪問するサービスの目的とし
て、生活状況の確認、生活のお困りごとの相談、リフォーム会
社など各種事業者の紹介、会話することによる判断能力や記憶
力の確認、財産管理などがあります。たとえば、**きらりでは、毎
月1回会員様の自宅を定期訪問し、いろいろとお話するサービ
スを実施**しています。認知症ではなくても、身体的介護度が重
い会員様については、財産管理をあわせてご契約いただき、**毎
月1回の定期訪問時に、財産管理報告書をお渡しして、管理状
況をご確認いただくサービス**も同時に提供しております。さら
に、会員様のご希望にあわせて、金融機関の金融商品をご紹介
することもあれば、金融機関からの不
必要な金融商品のセールスを会員様
に代わってお断りすることもありま
す。

　以上のとおり、訪問サービスにもさ
まざまなものがありますので、必要に
応じて、使い分ける必要があります。

2 ライフスタイルにあわせて住み替え

　人それぞれ、最後まで自宅で生活することを希望する人もいれば、早めに高齢者向け住宅に移り住む人もいます。多様な価値観を尊重し、家族や親族の意見も聞いて、自分に適したライフスタイルと住まいを考えてはいかがでしょうか。

　今はお元気な方も、10年後には認知症となり、特殊詐欺の被害にあう確率が高くなるかもしれません。認知症とならなくても、身体機能が衰えて介護が必要な状況になるかもしれません。

　家族がいる場合、家族の意見も聞いて、家族との関係性も考慮して、家族に過度な負担がかからないように、常にバランスのいいライフスタイルと住まいを考えましょう。**親子でも、思い込みで行動しないで、常に親子で話し合いをすることをおすすめします。**

　家族がいない場合、かかりつけ医やケアマネジャー、終活サポート事業者などからの客観的アドバイスを聞いて、考えることをおすすめします。

③ 住み替えの注意点

　住み慣れた自宅（自己所有のマンションや一戸建て）から、高齢者向け住宅などへ引っ越しする場合の注意点があります。それは、1年後でも元の自宅に戻ることができるように、住んでいた**自宅をすぐに売却してしまわないようにする**ということです。入居前は、「とても自分に適した住まいを見つけた」と喜んで引っ越しする人は多いのですが、引っ越しから数年後、「自分の希望とは異なることが多いから、前に住んでいた自宅に戻りたい」とおっしゃる人も多いです。

　その場合、すでに自宅を売却してしまっていると、戻りたくても戻れません。ですから、自宅を売却するのは、引っ越し先の生活に慣れて、「もう絶対に戻りたいと思わない」と思うようになってから売却することをおすすめします。自宅を数年間売却しない場合、その数年間、**空き家**にすることになるので、経済的に余裕があれば、**ALSOKやSECOMなど警備会社のホームセキュリティー**をつけて、防犯や火災の対策をあわせてすることをおすすめします。

4 サービス付き高齢者向け住宅

　サービス付き高齢者向け住宅は、「高齢者の居住の安定確保に関する法律」による高齢者向けの住宅です。介護・医療と連携し、高齢者の安心を支えるサービスを提供するバリアフリー構造の住宅、高齢者が安心して生活できる住まいです。住宅としての居室の広さや設備、バリアフリーといったハード面の条件を備えるとともに、ケアの専門家による安否確認や生活相談サービスを提供することなどにより、高齢者が安心して暮らすことができる環境を整えます。

　ただし、**同じサービス付き高齢者向け住宅の分類**に該当する住宅でも、簡易な安否確認をするだけの住宅もあれば、重度の介護サービスを提供する住宅もあります。**各施設によって、料金やサービス内容が大きく異なります**ので、詳しくは各施設に直接お問い合わせください。

　広島で、サービス付き高齢者向け住宅を探す場合、国土交通省補助事業として実施されている以下の団体のホームページに掲載されている情報を活用することをおすすめします。

　2021年5月17日現在、236件のサービス付き高齢者向け住宅が登録されています。

【一般社団法人 高齢者住宅協会】
サービス付き高齢者向け住宅情報提供システム
https://www.satsuki-jutaku.jp/

5 要支援、要介護の人向け施設など

　特別養護老人ホーム、有料老人ホームなど、要支援、要介護の人向けには、**多くの種類の施設**があります。介護保険法上の名称やサービス内容については、**頻繁に法改正があり、名称や費用が変わる**ことが多いです。これらの情報を、一般の消費者の方が自ら詳しく調査することは非常に困難です。要支援、要介護の認定を受けている人は、**介護保険の担当ケアマネジャーさん、または地域包括支援センターの職員さん**がいるはずなので、施設入居にあたっては、その方に相談することをおすすめします。終活サポート事業者と契約している人は、**終活サポート事業者**に相談することもご検討ください。

6 認知症の症状

　私がお会いする認知症患者様の多くは、**自分が認知症であると自覚できません。**以下は、認知症のお客様との会話です。

橋口「こんにちは。橋口です。私のこと覚えていますか？」

おばあちゃん「覚えとらん」

橋口「いや～、そうですか。後見人の橋口です。今日は、ひさしぶりに、お話しに来たのです。お変わりありませんか？～～～」

　実は、このお客様とは、一週間前にもお話ししたのですが、一週間前のことを覚えていらっしゃらないので、おばあちゃんに話を合わせて会話しました。読者のみなさまは、自分が一週間前にお会いした人のことを覚えていないという状況を想像できますか？

　認知症患者のみなさまの多くは、自分がまだしっかりしていると思いこんでおり、私からの質問に、過去の自分がしっかりしていた時の記憶でお返事する人がとても多いです。たとえば、「普段、お買物は誰と行っていますか？」との問いかけに、「自分ひとりで行っているよ」と答えるおばあちゃんは、実はいつもヘルパーさんに付き添ってもらって買物に行っています。

　さらに、以下の会話も認知症のお客様との会話です。

橋口「今、どこの銀行に預金を預けていますか？」

おばあちゃん「ん〜、広島銀行かな」

橋口「他の銀行とも取引していますか？」

おばあちゃん「わからん」

橋口「ここに証券会社からの封書が届いていますが、開封されておりません。この証券会社と取引して口座を作っているのですか？」

おばあちゃん「わからん」

　このような会話をすると、お客様が橋口を信用していないので、わざとわからないフリをしているか、覚えていないフリをしているのではないかと推測してしまいます。ところが、このおばあちゃんは、本当に自分の財産がどこにいくらあるか、わからない状況なのです。このような会話を、成年後見制度を利用するために家庭裁判所の調査官も同席したうえですることもあります。

　まさか自分がここまでの認知症になると、このお客様は想像していなかったでしょうが、人間は衰えるし、病気にもなります。**自分だけは認知症にならないという保証はありません。**

「2014年　認知症の診断と治療に関するアンケート調査 調査報告書（調査主体・発行：日本イーライリリー株式会社、調査協力・報告書編著：公益社団法人 認知症の人と家族の会）」によれば、**医師または家族から「認知症である」と告知を受けた人のうち4分の1しか、自分が認知症であると認識できなかった**そうです。つまり、**4分の3は、自分が認知症であると説明を受けても理解できない**ということです。同居の家族がいれば、家族が支えてくれるでしょうが、一人暮らしの高齢者が自分の認知症の症状を理解できないということが、どれほど怖いことか、想像できますか？

　さらに、4分の1の人は自分が認知症であると認識できたようですが、そもそも認知症であれば記憶力も低下しているはずなので、一度自分の認知症の症状を認識できたとしても、その認識したことを忘れてしまうところが認知症の怖さです。つまり、「自分は認知症で忘れやすくなっており、判断力が衰えているから、気をつけないといけない」と思っても、その「気をつけないといけない、と思ったことを忘れてしまう」のです。

　近年、特殊詐欺（振り込め詐欺など）の被害が増加していますが、その被害者の約8割は高齢者です。つまり、電話の相手の言うことを、そのまま信じてお金を振り込んでしまっている人がたくさんいるのです。犯人は巧妙に、認知症で判断能力が低下している高齢者を「キャッシュカード偽造」「犯罪、刑事事件、警察」「秘密にしておきたい」などのキーワードを駆使し、精神的に追い詰めてお金をだまし取るのです。時に警察官になりすましたり、金融機関の職員になりすましたりして、だまし取る

のです。しかも、認知症は、その被害にあったことすらも忘れてしまうので、警察に判明していない特殊詐欺被害は、もっと多いはずです。

　私は、家庭裁判所から、多くの重度認知症高齢者の後見人として選任されて現場を見てきました。特殊詐欺被害以外にも、親族や第三者に財産を横領されたケースや、だまし取られているケースもたくさんありました。残念なことに、重い認知症を患っている高齢者の後見人として家庭裁判所から選任されても、数年前の横領事件、数年前の詐欺事件について犯人を追及し財産を回復することは困難です。物的証拠もないし、本人の記憶もあいまいで、時効という法律の壁も立ちふさがります。場合によっては、盗んだ犯人のほうが先に死亡していることもあります。つまり、本人とあらかじめ任意後見契約をしておらず、家庭裁判所からたまたま選任された後見人ができることは、後見人就任後の被害を防止するだけであることが多いのです。だから、認知症になる前に、あらかじめ終活サポート事業者と契約して、継続的に生活状況の確認をうけることが必要です。

7 特殊詐欺被害と固定電話

　「防犯のため、いつも留守番電話にしておきましょう」と言われることもありますが、**この対策では不十分**です。なぜなら、認知症の高齢者は、留守番電話に設定していても、実際に電話が鳴ると受話器をとってしまうからです。ですから、固定電話は回線そのものを解約して撤去することをおすすめします。固定電話は特殊詐欺に騙されるリスクが高すぎます。どうしても固定電話を残したい場合は、詐欺防止機能がある固定電話機に買い替えましょう。大きな家電量販店に行けば購入できます。東広島市や呉市など、**自治体によっては**、防犯機能、詐欺防止機能がある電話の購入に際して、**補助金が出るところもあります**ので、購入の際は、お住まいの自治体に補助金をもらえるか確認してください。

　携帯電話を使いこなせる人は、携帯電話の電話帳機能を活用し、あらかじめ自分の電話帳に登録した番号からしか電話がかかってこない設定にしてください。これで、知らない人からの電話で騙されることはなくなります。一人暮らしの高齢者の方は、これらの対策を「認知症になる前に」してください。認知症は自覚できない病気なので、「認知症になってから」では手遅れです。具体的には認知症のリスクが高まる**70歳になるまでに**固定電話を解約して携帯電話に一本化することをおすすめします。

8　株式や投資信託を保有している高齢者が心得ておくべきこと

　2018年、現代社会を象徴する実例がありました。

　私が、きらり会員様 (当時87歳、中程度認知症、女性) のご自宅を訪問し、その会員様のケアマネジャー様も一緒にお話していたときのことです。

橋口「ご自宅に郵送されてきた証券会社からの残高報告書を拝見したところ、投資信託を3000万円も保有しているようです。この**投資信託の商品**は新興国 (発展途上国) の株式を主な投資先に設定してあり、**とてもリスクが高い**ものです。元本保証がないので、購入した金額より何割も価格が下落してしまうかもしれません。会員様は、安定した年金収入もあり、1000万円の預金も保有していらっしゃるので、**リスクのある金融商品 (投資信託) の保有を続ける必要性がございません。**今持っている資産を計画的に活用すれば十分です。むしろ、投資信託が大幅に下落すると将来の生活を圧迫してしまう可能性があります。投資信託は早く売却して、リスクがない預金に変えましょう」

会員様「そうじゃねえ。私は、それ (投資信託) が何かもわからんし、あなたにまかせるよ」

橋口「私が代わりに売買の手続きはできませんが、その準備ならできます。証券会社へ売り注文を出す準備をいたしますね」

　このような会話をしていたら、たまたま、その投資信託を預けている証券会社の営業担当者が訪問営業にいらっしゃいました。ちょうどよかったと、会員様が自分で保有している投資信

託総額3000万円の全部について売り注文をだそうとしたら、**売り注文を拒否されました**。理由として、「会員様に認知症の症状があり、**売りの意思があるか正確に把握できない**から」ということでした。

　たしかに、この会員様は認知症でした。しかし、売りの意思を確認できないということは、**保有を継続する（投資を継続する）意思も確認できない**ということです。リスクのある金融商品（投資信託）の投資継続の意思が確認できないのに投資を継続させるのは不合理です。仮に、金融商品を売却したとすると、今後値上がりしたときの利益がなくなってしまいます。しかし、今後値下がりしたときの損失も防止できます。日経平均株価は、2021年5月25日現在2万8500円前後ですが、過去10年間の大幅な値上がりを考えると、上がりすぎた株価が下落する可能性があります。今後の株価の変動は、プロの機関投資家でも完全に予測することはできないのですから、私も、裁判所も、予測不能です。ともかく、投資を継続する意思が確認できない人に予測不能な投資を続けさせるのは、危険です。

　しかしながら、証券会社に取引を拒絶されたため、やむなく、きらりは広島家庭裁判所に申立をして、この会員様と数年前に締結済みだった任意後見契約を発効させ、きらりが任意後見人として、この証券会社へ預けていた投資信託を売却しました。**ようやく売却が完了したのは**、私が証券会社の営業担当者と初めて会ってお話した**約3か月後**でした。家庭裁判所へ申立するための診断書や各種資料の収集など事前準備に約1か月、家庭裁判所への申立後の家庭裁判所の審査に約2か月、合わせて3

か月ほどが必要でした。幸いこの3か月の間に投資信託の大き
な価格変動はなかったので大きな損害は出ませんでしたが、バ
ブル崩壊やリーマンショックによる大幅な株式市場暴落という
過去の事実を考えると、**とても怖い3か月間でした。**これから
コロナショックがやってくるかもしれないので、元本割れの可
能性のある金融商品を保有している一人暮らしの高齢者の方は
認知症になる前に適切な準備をしておく必要があります。

　余談ですが、残念ながら投資信託など金融商品を販売するこ
とを規制する「金融商品の販売等に関する法律」には、金融商品
の「販売までに」元本欠損が生じるおそれがある旨などの説明
義務は定められているものの、「販売後の定期的な」元本欠損が
生じるおそれがある旨の説明義務については定めがありませ
ん。つまり、「金融商品を販売する時は慎重に説明しますが、**購
入後は購入者の自己責任で売り時期を考えてください。**」とい
う法律であるということです。高齢者にも安心して元本欠損が
生じるおそれがある金融商品を購入してもらうためには、「元
本欠損が生じるおそれがある金融商品の場合、元本欠損が生じ
るおそれを購入者が認識できなくなったと**医師が診断したら自
動的に契約を解除する（売り注文が発生する）**」旨の法改正をす
べきではないかと思います。

　なお、2021年3月から、三菱UFJフィナンシャル・グループ
は、認知症の診断書を提出したら、あらかじめ指定した代理人
が株式や投資信託などの売却ができる「予約型代理人」サービ
スを開始しました。今後の法改正の動きや新たな金融サービス
の誕生に注目しておく必要があります。

9 介護保険による介護サービスで、
財産管理も身元保証人もしてくれる？

　介護が必要な状況になったら、介護保険による介護サービスを頼りにすべきです。しかし、介護保険による介護サービスは、定められたサービス以上の業務はできません。たとえば、**介護保険で実施する介護サービス**では、重い認知症の高齢者の**財産管理をすることや、入院時の保証人を引き受けることができません。**ごく稀に、担当のケアマネジャーさんが、無償で財産管理をしてあげたり、無償で保証人を引き受けたりしているようです。本来の介護保険サービスではないので、ケアマネジャーさんが本来の仕事以上の仕事や責任を無償で負っていることとなり、金銭トラブルや法律上のトラブルに巻き込まれる可能性もあります。

　介護保険で対応できないことは、終活サポート事業者へお任せください。

10 成年後見制度の チェック機能

　成年後見制度とは、重度の認知症などにより判断能力が低下した人のために、後見人などが本人に代わって各種の契約手続きや財産管理をすることにより、本人の権利を守るための制度です。この**成年後見制度の一番のメリットは「家庭裁判所または家庭裁判所が選任した後見監督人が後見人の業務をチェックする」**ということです。つまり、本人が重い認知症で判断能力がなくなり、後見人からサービスを受けても、本人自身がそのサービスが適切か否かわからないので、それを家庭裁判所がチェックします。後見人は自由に財産を管理できるわけではありません。本人の財産は常に本人のために使わなくてはならず、**後見人の財産管理の状況は全て家庭裁判所に報告が必要**です。通帳の全ページのコピーや現金出納帳のコピーも家庭裁判所へ提出され、その収支の状況は全て家庭裁判所が確認します。家庭裁判所が確認するので、仮に後見人が不正をしたとしても、後見人の不正はすぐに判明します。数年前まで、後見人をしていた弁護士や司法書士など専門職の人が横領して逮捕された新聞記事やテレビのニュースを、毎年数件見かけました。

　このようなニュースが多いために**「後見人をつけると横領されるので怖い。成年後見制度を利用しないほうがいい」**と思いこんでいる消費者の方も多いです。しかしながら、この考えは間違っています。弁護士や司法書士でも、**不正をしたらすぐに発見され逮捕されるのです。**

後見人の業務を**家庭裁判所がチェックするから**、弁護士でも司法書士でも不正が発覚し逮捕されるのです。なお、近年は、家庭裁判所の不正防止の取り組み強化により、後見人の不正事件そのものが急激に減少しております。

　ともかく、誰もチェックしていない状況で、誰かがあなたの通帳から自由にATMでお金を出していると想像してください。怖いですね。

　過去に私が経験してきたことですが、私が後見人に就任する前に財産を盗まれていた認知症高齢者の人がたくさんいました。盗んだ犯人は、親族であったり、住んでいたマンションの大家であったりと本人の身近にいる人なのですが、**盗まれた本人が盗まれたことがわからないので、被害が発覚しないケース**は多いです。さらに盗まれたのは後見人が就任する10年以上前だったりするので、**盗んだ犯人のほうが先に死亡**していたケースや、**時効が成立**したケースもありました。私が後見人に就任しても、過去の被害を回復することができないケースのほうが多かったです。

　世の中には、「ひとりの老後」を過ごす本人が理解できない状況を悪用する人もいます。本人は自分の財産がいくらあるか覚えられない、盗まれてもわからない状況なので、第三者にお金を盗まれても、第三者に勝手にATMでお金を引き出されて盗まれても、**盗まれたことに気が付くことができません。**

　だから、家庭裁判所または家庭裁判所が選任した後見監督人が後見人の業務をチェックする**成年後見制度を活用すべき**なのです。

11 成年後見制度における任意後見制度とは

　この本で何度も書きましたが、自分の認知症の症状を自分では理解できません。この本の著者である私自身も、おそらく30年後に自分が認知症になったとしても、自覚できないでしょう。高齢者の全員が認知症になるわけではありませんが、高齢になればなるほど認知症になる確率は高くなります。75歳までに20人に1人、80歳までに10人に1人、85歳までに4人に1人、85歳以上だと2人に1人以上の確立で認知症と医師から診断されるというデータがあります。さらに加えると、たとえ認知症の診断が出なくても、年相応に記憶力や判断力は衰えます。もちろん、加齢により筋肉も衰えるのですから、頭も衰えて当然です。

　認知症にならないまま逝去する人もいます。そう考えると、任意後見制度とは長生きするための保険です。つまり、信頼できる人と任意後見契約をするということは、もし認知症になっても、その信頼できる人（個人または法人）が後見人になるという保険をかけることと同じです。特殊詐欺の被害にあうと、少なくとも100万円くらいから数千万円くらいの被害であることが多いです。**任意後見契約のための費用を節約したがために、数千万円の被害にあってしまうかもしれません。**だから、認知症になる前に、重度の認知症になった場合の後見人を決めておく必要があり、そのための制度が、任意後見制度です。

　つまり、任意後見制度とは、認知症になる前にあらかじめ信

頼のおける人（個人または法人）と任意後見契約をしておき、もし、将来、重度の認知症になったら、その人に後見人の仕事をしてもらうための制度です。本人が重度の認知症になってからでは、本人が自分で後見人を選ぶことができないので、あらかじめ判断能力がある時に、将来の後見人を決めておくのです。

　任意後見契約は、公証人役場で、公証人に公正証書として任意後見契約書を作成しないと、法律上の効力がありません。つまり、本人が重度の認知症になってから、悪い人にだまされて不適切な人を後見人とする契約をしてしまわないように、公証人が、契約当事者の判断能力など審査したうえで公正証書として任意後見契約書を作成しなければならないと、法律で定められています。

　同居の家族がいれば、成年後見制度を使わなくてもなんとかなるかもしれません。しかし、**同居の家族がいない人は、**あらかじめ信頼できる人と**任意後見契約を締結**し、その契約後、継続的に自分の症状や日常生活の状況を見守ってもらい、不安があれば適切なアドバイスを受けたり、病院の受診のサポートを受けたり、生活状況にあわせた適切な施設の紹介を受けたりすることが必要です。

12 任意後見人の業務

　任意後見人の業務は、任意後見契約で定めます。主に①財産管理業務②生活の配慮③各種契約手続きであることが多いです。任意後見契約を締結しても、本人が自分で財産管理や各種の契約などを自分でできる間は、自分で管理することとなります。本人が重度の認知症となり、後見人が後見人業務を開始すると、後見人が全部の財産を管理することとなります。

　①財産管理業務とは、具体的には、生活費の管理、通帳の管理、不動産の管理などです。受給している年金の受領手続き、医療費や税金の支払いなども全ておこないます。必要に応じて、不動産の売却などもおこないます。

　②生活の配慮とは、定期的に本人と面談し、主治医、ケアマネジャー、病院や施設の相談員、地域包括支援センター、介護ヘルパー、マンション管理人など、本人と接する人たちとも情報交換し、本人の生活に必要なことを常に検討し、対処することです。

③各種契約手続きとは、もし、介護サービスが必要な状況であれば、介護事業者と、本人への介護サービスを提供していただくように契約を締結することなどです。介護の契約に限らず、施設への入居契約、医療機関との医療サービスを提供していただく契約など、本人のために必要な契約をすべて実施します。これらの後見人の業務を開始すると、原則として、本人が判断能力を回復するか、本人が逝去するまで継続することとなります。

　ご本人様が逝去すると後見人の業務は終了します。後見人は管理している財産を、遺言執行者がいれば、その遺言執行者へ引き渡し、遺言執行者がいなければ法定相続人に引き渡します。

13 入院時の身元保証人と後見人の役割

　私が理事長を務めている「きらり」では、後見人も身元保証人も引き受けております。

　しかし、一般的には家庭裁判所から選任された後見人は身元保証人を引き受けません。なぜなら、法律上の後見人の業務として「保証人の引き受け」がそもそも含まれていないので、後見人は保証人を引き受けないのです。つまり、後見人の後見業務は法定された業務ですが、法は身元保証人業務までも後見人に求めていません。もともと「病院への入院時や介護施設入居時の身元保証人」の定義そのものがあいまいで、身元保証人の役割には、医療同意や逝去後のご遺体の引き取りまで期待されることとなりますが、家庭裁判所から選任された後見人の法定業務には、このようなことまでを含んでいないからです。しかし、入院時や介護施設入居時に現場で、このことが問題になります。つまり、患者を受け入れる病院としては、「この患者様が急に**意識を失ったり逝去したりすれば誰が責任もって対処してくれるのだろう**」という課題が常につきまといます。家庭裁判所から選任された後見人がいたとしても、医療的な処置をすることの承諾について、後見人の権限外なので後見人が承諾できないケースも多く、**疎遠な遠方の親族にわざわざ連絡をとって承諾を得ることも多い**ようです。適切な親族がいない人は、とても困ります。そこで、私は「きらり」を作って、多くの保証人と後見人を全部引き受けております。私は、保証人業務と後見人

業務については、**本質的に同一**であると考えております。つまり、「**本人に何かあったら私が全部責任をとります。全部私にまかせてください。**」ということだと考えています。この考えは、成年後見制度の法律上の定義と反していることは十分に承知しておりますが、消費者のみなさま、特に「ひとりの老後」を過ごす人が、成年後見制度の法律上の制限を理解したうえで後見人を選定するということは事実上不可能です。むしろ、「ひとりの老後」を過ごす人は、「困ったら、後見人（きらり）に何でも相談すればいいのだ」「入院しても、きらりにまかせればいいのだ」「重い認知症になっても、きらりに全て任せられるので安心だ」「遠方の親族にも、きらりから報告連絡相談してくれるので、心配かけることはない」という簡単かつシンプルなサービスを提供する事業者が必要であるという考えで、きらりを運営しております。

⑭ 医療同意とは

　医療行為 (手術・予防接種等) の同意について、厚生労働省作成の「『身元保証』がない人の入院及び医療に係る意思決定が困難な人への支援に関するガイドライン」、「人生の最終段階における医療・ケアの決定プロセスに関するガイドライン」及びその解説に、詳しい記述があります。それらのガイドラインと解説で示されている考えは、患者本人が医療についての希望を**意思表示できない時**は、患者本人と**元々から信頼関係のある人が、患者本人の医療についての希望を医療機関へ伝達**すべきということです。つまり、患者本人と信頼関係がないのに入院時に急に呼ばれた身元保証事業者や、患者本人がすでに重たい認知症になっている場合は、この信頼関係を構築できないために不適切ということになる可能性が高いです。

　医療同意については**「信頼関係」**がキーワードです。単に後見人だからOKとかNGとはなりません。「信頼関係」があれば後見人でもOKです。たとえ血縁関係にある人でも、本人と「信頼関係」がなければ不適切となる可能性があります。「人生の最終段階における医療・ケアの決定プロセスに関するガイドライン」とその解説には、次ページのとおり記載されています。私は、それを全面的に支持します。

「人生の最終段階における医療・ケアの決定プロセスに関する
ガイドライン」とその解説から抜粋

本人の意思確認ができない場合には、次のような手順により、
医療・ケアチームの中で慎重な判断を行う必要がある。

❶家族等が本人の意思を推定できる場合には、その推定意思を
尊重し、本人にとっての最善の方針をとることを基本とする。

❷家族等が本人の意思を推定できない場合には、本人にとって
何が最善であるかについて、本人に代わる者として家族等と十
分に話し合い、本人にとっての最善の方針をとることを基本と
する。時間の経過、心身の状態の変化、医学的評価の変更等に
応じて、このプロセスを繰り返し行う。

❸家族等がいない場合及び家族等が判断を医療・ケアチームに
委ねる場合には、本人にとっての最善の方針をとることを基本
とする。

❹このプロセスにおいて話し合った内容は、その都度、文書に
まとめておくものとする。

※家族等とは、今後、単身世帯が増えることも想定し、本人が信頼を寄せ、人生の最終段階の本人を支える存在であるという趣旨ですから、**法的な意味での親族関係のみを意味せず、より広い範囲の人(親しい友人等)を含みます**し、複数人存在することも考えられます。

※本人の意思決定が確認できない場合には家族等の役割がいっそう重要になります。特に、本人が自らの意思を伝えられない状態になった場合に備えて、特定の家族等を自らの意思を推定する者として前もって定め、その者を含めてこれまでの人生観や価値観、どのような生き方や医療・ケアを望むかを含め、日頃から繰り返し話し合っておくことにより、本人の意思が推定しやすくなります。その場合にも、本人が何を望むかを基本とし、それがどうしてもわからない場合には、本人の最善の利益が何であるかについて、家族等と医療・ケアチームが十分に話し合い、合意を形成することが必要です。

15 遺言と生命保険

　病気や事故に備えて、残される家族のために死亡保険に入る人は多いです。

　日本人の成人の**約8割は死亡保険金がでる生命保険か生命共済に加入**しています。しかし、日本人の成人のうち遺言を作成済みの人は何割程度かというデータはないので、はっきりとしたことが言えませんが、私の20年の現場の実感としては、**遺言を作成している日本人の成人の割合は1割くらい**と感じます。

　生命保険とは、保険契約により被保険者（本人）が死亡したときに、保険会社から特定の人へ死亡保険金を渡すための仕組みです。一方、遺言とは、遺言者が死亡したときに、特定の人へ遺産を渡すための仕組みです。「死亡」という同じ場面を想定した準備にもかかわらず、これだけ準備している人の割合が違うのは驚きですね。おそらく、生命保険は、生命保険会社が営業として必要性を説明し加入を勧誘してくれるので、生命保険に加入する機会は多いのですが、遺言の必要性を説明し作成を勧誘してくれる事業者は少数だからでしょう。勧誘してくれる人がいなくても、自分の人生における大切な手続きなので、遺言はお早めに作成してください。

16 笑う相続人

　「笑う相続人」という言葉を聞いたことがある人がいるかもしれません。逝去した人が普段意識していない人が、たまたま遺産を相続することになった時の人のことを主に指しています。

　本書の第2章−②「資金計画の作成」で説明した〈仮定ケース〉が、その典型的な例です。あらためて、本書の第2章−②「資金計画の作成」で説明した〈仮定ケース〉を以下に記載します。

子供がいないケース

【80歳／男性／一人暮らし、生涯未婚、子供はいない】

● 本人が逝去した場合の法定相続人は、何十年も交流がない甥が2人

● 定期預金3000万円

● 年金収入180万円（2か月に一度30万円）

● 月8万円の1K賃貸アパートで一人暮らし

● 年金収入の範囲内で生活

● 過去の職業／公務員（定年退職）　● 大きな持病はない

甥2人は、もともと遺産を相続すると思っておらず、本人への関心がありません。なおかつ、その甥2人は、もし遺産を受け取ることができるとしても、本人の生前に親族として交流するつもりもなく、本人の生活はもちろんのこと、本人の葬儀やお墓のことにも関心がなく、しか

しながら、遺産だけは受け取ることができるなら受け取りたいというケース。

　以上の仮定ケースの相続事務をすることは、とても多いのですが、他にも、いろいろなケースがあります。たとえば、次のケースも、よくあるケースです。

再婚した場合のケース

　Ａ男とＢ女が結婚して１年後に子供が生まれ、子供が生まれた半年後に離婚し、子供は母親（Ｂ女）が引き取って育てました。離婚後に、子供と父親（Ａ男）の交流は一切ありません。その後、その父親（Ａ男）は、他の女性（Ｃ女）と結婚し、50年間、その妻（Ｃ女）と過ごしました。しかし、その妻（Ｃ女）との間には子供が生まれませんでした。Ｃ女と婚姻して50年後、Ａ男もＣ女も重度の認知症となり、きらりがＡ男の後見人になりました。その１年後、Ｃ女が逝去して、Ａ男はＣ女から5000万円の遺産を相続しました。しかし、さらに１年後Ａ男も逝去しました。生後数か月だけＡ男と一緒に過ごした子供だけが、Ａ男の唯一の法定相続人となり、5000万円ほどの遺産を相続しました。

　もちろん、それぞれの家庭の事情があり、子供には相続する権利があるので、全く非難するような話ではありません。しかし、私が気にかかることとして、そのような結果になることを

A男やC女が希望していたのか？ということです。

　もちろん、重度の認知症になる前から、A男もC女も、B女との間の子に100％相続させたいという気持ちだったなら、全く問題ありませんが、A男とC女が重度の認知症になる前に、何割かの遺産はA男の子供にも遺産を相続させるけど、何割かの遺産は、C女の親族、災害被災者への義援金、赤十字やユニセフへの寄付など社会貢献のためにも遺産を分配することを望んでいたとしたらいかがでしょうか。しかし、A男は重度の認知症になる前は、ほとんど資産を保有していなかったために、遺言作成の必要性を認識できず、遺言が未作成だったケースです。

　たとえ現在は資産を保有していない人でも、将来は保険金や遺産を受け取る可能性がある人も多いので、元気なうちに、遺言を作成しておく必要があります。

17 法定相続人がいない、かつ、遺言も未作成だと、どうなる？

　日本の民法では、遺言を作成していない場合、法定相続人に相続権が発生します。法定相続人となる可能性があるのは、配偶者、子、孫、親、祖父母、兄弟、甥姪などです。

　しかしながら、法定相続人が全く存在しない人も多いです。たとえば、ご夫婦間に生まれた子供が一人であり（俗に言う「兄弟がいない一人っ子」）、その子が、結婚しないでずっと独身であると、法定相続人が全くいない状況が生じやすくなります。法定相続人がいない人が遺言を作成しないまま逝去すると、特別縁故者を家庭裁判所が認定し、その縁故者へ承継されることもありますが、縁故者の認定はとてもハードルが高く、結局、**最終的に遺産は国庫に帰属する**ケースが多いです。

　しかし、この国庫へ帰属させるための法律上の手続きがとても複雑で2年くらいかかります。法定相続人がいない人で、遺言が未作成であると、まずは利害関係者が家庭裁判所へ申し立てをして、相続財産管理人を選任してもらわないといけません。この相続財産管理人には第三者の弁護士さんが選任されるケースが多いのですが、この選任申し立てを誰がするかということが最初の問題となります。家庭裁判所への申立費用や申立の労力を喜んで引き受けたい人は誰もいませんので…。さらに、家庭裁判所が相続財産管理人を選任しても、すぐに国庫に帰属するわけではなく、相続財産管理人が特別縁故者を探索することになります。この特別縁故者とは、文字どおり逝去した

人と特別に縁のあった人のことですが、単なる知り合いや単な
る親族 (いとこなど) では認めてもらえません。本人との生前の
交流の状況などが慎重に審査されます。友達付き合いや親族と
してのお付き合いがあったとしても、特別縁故者として認定さ
れることは少ないようです。さらに特別縁故者探索以外にも、
本人へお金を貸している人などの調査や官報公告などもされ、
ようやく国庫に帰属することになるので、**2年ほどの期間が必
要**となるのです。

　もちろん、相続財産管理人の報酬も遺産から差し引かれるこ
とになるので、せっかくの遺産がもったいないです。このよう
なことは、遺言書を作成していれば全部避けられますので、法
定相続人がいない人は、早めに遺言を作成しましょう。

18 遺言による受取人指定や割合の考え方

　遺言を作っておけば、遺産を数名の人や団体へ、それぞれお渡しすることができます。遺言で遺産を受け取る受取人は、誰かひとりだけを指定することもできますが、複数の人や団体を指定することも可能です。複数名の受取人を指定する場合、いろいろな方法があります。たとえば、Aさん、Bさんの二人に遺産を受け取らせたい場合、「遺言執行者において、全部の遺産を換価換金処分し、全ての債務を支払った残余の財産を、Aに3分の2、Bに3分の1遺贈する」と書くこともできますし、AさんとBさんに渡す財産を、それぞれ具体的に記載することもできます。たとえば、〇〇銀行の金融資産は全部Aさん、△△証券の金融資産は全部Bさん」という表現で書くこともできます。ケースバイケースで、遺言として定めるべき内容は異なりますが、私が読者のみなさまに意識していただきたいことは、「自分のプライベートなことに2分の1、社会に2分の1」と、プライベートと社会への割り当ての割合を最初に考えて、その後に、個別の受取人を考えるということです。たとえば、「私の人生を一番長く一緒に過ごしたのは配偶者だし、その配偶者が、私の人生の全てだった。」と考える人は「配偶者へ全部相続させる」という遺言となるでしょう。「私の人生は多くの人たちとのご縁や支えあいによって成り立った。私の配偶者は先に逝去してしまい、私には子供はいない。だから、遠方の親族へ4分の1、住んでいる自治体へ4分の1、社会貢献する団体へ4分の1、

私が通学した学校に4分の1の分配にしよう」などと考えて、その後で、それぞれ具体的な人物や団体を考えてほしいのです。

　私は多くの遺言を作るお手伝いをしてきましたが、人生の終末期だけに出会った人や組織だけに過大に遺産を渡してしまう人が多いように感じます。人生は、生まれてから多くの人たちとの協力と、ふれ合いで、成り立っています。社会貢献する団体や自治体だけでなく、自分の出身の高校や大学、自分が勤務していた職場などにも、少し寄付をするなど、自分の人生を広い目で振り返って、遺産をバランスよく分配することができると、とてもいいと思います。最近は、このような私の思いを聞いてくださり、バランスのいい遺言を作ってくださる人が増えてきました。

　なお、このように複数名を遺産の受取人に指定する場合、受取人のうちの誰かが受取辞退することがあります。その場合にそなえて、受取辞退した時の条項を入れておくことをおすすめします。たとえば、「受遺者のうち遺産の受取を辞退した者がいる時は、辞退者が受け取るべきだった遺産を、他の受遺者へ等分に遺贈する」などの条項を入れておくといいでしょう。その条項がないと受遺者が受け取り予定だった遺産について、法定相続人が遺産分割協議をしないといけなくなり、法定相続人に労力をかけてもらわないといけなくなります。

　次ページは、私が関与した遺言の例です。ご参考になれば幸いです。

遺言による受取人の例

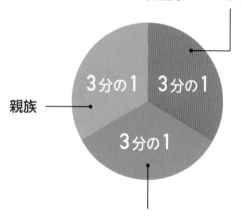

医療法人（A様が、長年通院していたところ）

親族

3分の1 3分の1

3分の1

民生委員として長年支援してくれた
個人→受取辞退

民生委員をしていた方は受け取りを辞退されました。民生委員さん個人を指定するのではなく、民生委員の制度を運営する自治体を受取人に指定すべきケースでした。遺言作成時に関与できればよかったのですが、A様が逝去した後で遺言の存在が判明しました。

1000万

B様の古くからの友人

1000万

B様が長年通院し、逝去する
ときまで入院していた病院

残り全部
(1000万円ほど)

親族

B様はガンのため70歳で逝去されました。友人に遺産を渡す遺言は、これから増えるでしょう。今の日本の民法が「法定相続人」として規定している人より、本人が大切にしたい人がいるなら、ちゃんと遺言を書いておくべきことが実感できる遺言でした。

C様

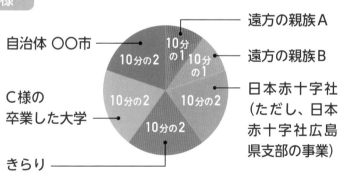

遠方の親族A

遠方の親族B

自治体 〇〇市

10分の2

10分の1

10分の1

10分の2

日本赤十字社
(ただし、日本
赤十字社広島
県支部の事業)

C様の
卒業した大学

10分の2

10分の2

きらり

C様の人生観をバランスよく表現した遺言です。このような遺言が、これから増えてくることと思います。

19 病院で逝去して、遺体を親族が引き取らないとどうなる?

　日本人の8割近い人が病院で亡くなっています。2019年4月に厚生労働省が作成した「『身元保証』がない人の入院及び医療に係る意思決定が困難な人への支援に関するガイドライン」によると、病院で亡くなった人の遺体を、**親族が引き取らない場合、または親族がいない場合は、自治体が遺体を引き取る**ことになっています。関連する以下の法律2つがガイドラインに記載されています。

墓地、埋葬等に関する法律 (抄)

第9条 死体の埋葬又は火葬を行う者がないとき又は判明しないときは、死亡地の市町村長が、これを行わなければならない。

2 前項の規定により埋葬又は火葬を行つたときは、その費用に関しては、行旅病人及び行旅死亡人取扱法 (明治32年法律第93号) の規定を準用する。

行旅病人及行旅死亡人取扱法 (抄)

第7条 行旅死亡人アルトキハ其ノ所在地市町村ハ其ノ状況相貌遺留物件其ノ他本人ノ認識ニ必要ナル事項ヲ記録シタル後其ノ死体ノ埋葬又ハ火葬ヲ為スベシ

墓地若ハ火葬場ノ管理者ハ本条ノ埋葬又ハ火葬ヲ拒ムコトヲ得ス

もちろん、最低限の社会保障として、誰も引き受ける人がいないなら最後は市町村がやらざるを得ないということなのですが、親族が対処しない場合に自治体が喜んで対応するわけではありません。私の体験したケースでは、逝去した本人の遺産は数千万円以上あり、法定相続人が存在せず、一番近い親族が「いとこ」でした。「いとこ」は法定相続人に該当しないため、遺産から当然に葬儀費用を出すことができないこともあり、「いとこ」が遺体の引き取りを拒否したため、自治体がやむなく火葬など最低限のことを対処しました。

　もちろん、この方がきらりの会員様であったなら、きらりが火葬など実施したのですが、残念ながら、きらりに入会しないまま亡くなってしまったので、自治体が対応したのです。数千万円以上の遺産を残した人が、何も準備していないと、このような結果になります。

　本書は、「自分の人生は、最後まで、自分の責任で終えたい」と考える人向けに書いています。本書の読者のみなさまは、自らの遺体は、自らの意思で、自らの望む形式で、自らの費用で葬送してほしいと考えることでしょう。たとえ、「火葬と散骨だけでいい」と考えている人でも、それを当然に自治体が喜んでしてくれるわけでありません。最低限の葬送だけを望むとしても、それは**自費で、終活サポート事業者に頼むべき**です。

　バランスのいい終活は、自分一人では難しいです。

　わからないことも多いと思いますので、**自分だけで考えずに、終活サポート事業者からの客観的アドバイスを活用してください。**

おわりに

　この本を最後まで読んでいただき、誠にありがとうございました。

　この本の制作にご協力いただいたみなさま、ありがとうございました。

　特に、体験談を寄稿していただいた会員様には、厚く御礼申し上げます。

　この本を読んで、きらりのサービスに関心を持ち、入会を考えようかと思っていただいた方は、お気軽にきらり事務局までお電話でお問い合わせください。

　もし、入会相談をしても、入会しなければ一切相談料はかかりませんので、お気軽にお問い合わせください。みなさまからのお問い合わせをお待ちしております。

【きらり事務局】
一般社団法人 人生安心サポートセンター きらり
〒730-0011 広島市中区基町5番44号 広島商工会議所ビル8階
TEL 082-227-2600
営業時間 平日／午前9時～午後5時45分
　　　　（緊急対応は年間365日実施します）

| 人生 きらり | 検索 |

https://jinseikirari.or.jp/

ひとりの老後

新型コロナワクチン接種後に
ひとりの老後を生きる

発行日	2021年(令和3年)11月9日
著　者	橋口貴志
発行人	田中朋博
編　集	大田光悦　石川淑直
装　丁	株式会社地域デザイン研究所
誌面デザイン	村田洋子
進行管理	西村公一
校　閲	菊澤昇吾
販　売	細谷芳弘
発行・発売	株式会社ザメディアジョン 〒733-0011 広島市西区横川町2丁目5番15号 TEL.082-503-5035　FAX.082-503-5036
参考文献	●日本における認知症の高齢者人口の将来推計に関する研究 　（平成26年度厚生労働科学研究費補助金特別研究事業） 　／九州大学　二宮利治教授 ●2014年 認知症の診断と治療に関するアンケート調査 調査報告書 　（調査主体・発行：日本イーライリリー株式会社、 　調査協力・報告書編著：公益社団法人 認知症の人と家族の会） ●人生の最終段階における医療の決定プロセスに関するガイドライン 　（本文、解説編）／厚生労働省 ●警察庁インターネットページ 特殊詐欺認知・検挙状況等について 　（https://www.npa.go.jp/publications/statistics/sousa/sagi.html） ●中国新聞　ほか多数
印刷・製本	株式会社シナノパブリッシングプレス

ISBN978-4-86250-732-7
©Takashi Hashiguchi 2021　Printed in Japan